MANUEL
D'ESCRIME

MÉTHODE RATIONNELLE

PAR

J. CANY & H. GOSSET

PROFESSEURS

Ouvrage couronné par la Société d'Encouragement de l'Escrime

(Avec figures et 16 planches d'après nature)

PARIS

LIBRAIRIE MILITAIRE DE L. BAUDOIN

IMPRIMEUR-ÉDITEUR

30, Rue et Passage Dauphine, 30

1898

MANUEL D'ESCRIME

MÉTHODE RATIONNELLE

PARIS. — IMPRIMERIE L. BAUDOIN, 2, RUE CHRISTINE.

MANUEL
D'ESCRIME

MÉTHODE RATIONNELLE

PAR

J. CANY & H. GOSSET

PROFESSEURS

Ouvrage couronné par la Société d'Encouragement de l'Escrime

PARIS

LIBRAIRIE MILITAIRE DE L. BAUDOIN

IMPRIMEUR-ÉDITEUR

30, Rue et Passage Dauphine, 30

1898

DÉDIÉ

A LA

SOCIÉTÉ D'ENCOURAGEMENT DE L'ESCRIME

Après un examen sérieux de ce livre, le Comité de
la « Société d'encouragement de l'Escrime » fit publier la note suivante :

« Le Comité de la Société d'encouragement de
l'Escrime s'est réuni le 14 avril 1897.

« Après avoir entendu le rapport de MM. de Borda,
Corthey, Hervegh, Tavernier et Bouchard, chargés
d'examiner le *Traité d'escrime* de MM. Cany et
Gosset, le Comité a reconnu le mérite de cet ouvrage
et lui a décerné une médaille de vermeil. »

Nous n'avons pu, à notre grand regret, obtenir
l'autorisation de publier le rapport de la Commission,
composée d'hommes d'une autorité incontestable en
matière d'escrime et dont l'opinion eût fait loi.

Nous tenons à leur exprimer toute notre gratitude
pour le soin avec lequel ils ont examiné notre ouvrage, ainsi que pour les termes bienveillants de leur
rapport, regrettant seulement que, malgré leur avis,
le Comité ait cru devoir s'en tenir aux termes du
règlement interdisant la publication des travaux des
Commissions.

PRÉFACE

L'escrime, considérée sous ses divers points de vue : sport, combat, hygiène, est un exercice raisonné, dans lequel tous les muscles se fortifient en s'assouplissant.

Il ne faut pas, en effet, sous prétexte d'hygiène, faire de l'escrime une gymnastique désordonnée : le développement normal du corps résulte moins d'efforts violents que d'un exercice méthodique, et les muscles ont une action d'autant plus rapide qu'ils sont moins raidis.

Aussi, doit-on rechercher d'abord la souplesse, qui donne l'élégance, non seulement pour la belle tenue, chose qui est certes à considérer, mais encore pour obtenir le développement corporel et acquérir une vraie force aux armes.

Les débuts de ceux qui veulent s'adonner à l'escrime ne sauraient être trop surveillés. Il est vrai que la démonstration des mouvements est simple, mais, dès que l'on prend une mauvaise habitude, il devient très difficile de la corriger.

Les défauts sont le plus souvent causés par le

manque de naturel dans l'exécution des mouvements ;
il est remarquable que le commençant, dès qu'il tient
l'arme, croit nécessaire de la serrer très fort ; il contracte ainsi le bras, puis le corps tout entier. La
rapidité ne peut exister dès qu'il y a raideur ; la
vitesse est, avant tout, dans l'économie des mouvements. C'est ce que l'on nomme en termes d'escrime :
« Attaquer ou parer de l'immobilité ». Il y a, en cela,
un avantage incontestable, qui permet de profiter
des moindres fautes de l'adversaire et de ne jamais
« se désunir ».

Il faut, pour se ménager cette supériorité, que
l'action des parties du corps nécessaires à l'exécution
d'une attaque ou d'une parade n'entraîne inutilement
l'action d'aucune autre ; c'est ainsi que le corps ne
se déplacera pas lorsque le bras seul devra agir. Prenons un exemple : la main, en se portant dans les
positions de pronation à supination et réciproquement peut successivement former les parades de
tierce, seconde, quarte, septime, sixte, octave, sans
qu'il en résulte d'autre déplacement que celui de
l'avant-bras : nous en concluons que la façon la plus
rapide de passer de l'une à l'autre de ces positions
sera de prendre celle de la parade désignée par la
seule rotation de la main.

Les explications théoriques doivent entrer pour
une grande part dans les premières leçons ; beaucoup
de ceux qui voudraient faire des armes sont retenus
par l'idée d'une fatigue extrême à supporter ; nous
ne saurions trop combattre un enseignement qui
fatigue l'élève. Il y a tant à apprendre au tireur pour

le mécanisme du doigté, les parades, les lignes, etc., que l'on peut parfaitement faire prendre au commençant les positions de la garde, du développement, du rassemblement, etc., tout en interrompant ces exercices par des explications générales; si l'on agit autrement, les muscles fatigués se crispent et n'ont plus leur jeu normal; la lassitude physique a un effet réflexe sur le moral, et l'on se décourage au lieu de prendre aux exercices un intérêt toujours croissant. Aussi, quelle erreur que ces leçons, qui comprennent une longue série d'attaques successives et qui se terminent par quelques parades, le plus souvent sans rapport avec les attaques précédentes.

Comment l'élève peut-il s'y attacher, s'il ne voit pas pourquoi il a exécuté telle attaque, s'il ne se rend pas compte du coup que l'adversaire lui porte en trompant telle parade? De là cette routine condamnable, qui enseigne le « coup d'emblée » — le tour d'épée, par exemple — la parade de contraction ou encore celle qui s'exécute à la volée sur une feinte quelconque, sans aucun raisonnement — par un faux instinct de conservation.

Ce n'est pas là le jeu du fleuret, et même, en nous plaçant au point de vue du combat, nous croyons que l'avantage restera toujours au tireur correct et de sang-froid, parce qu'il saura parer avec l'épée sans se précipiter au hasard, et qu'il sera mieux en mesure de ne pas se laisser surprendre. A cette correction et à ce sang-froid, céderont les grandes ressources des escrimeurs incorrects : 1° la parade faite avec le bras ou l'épaule et qui n'est qu'un abus du fleuret, dont on comprend facilement l'inconvénient sur le terrain ; 2° l'attaque d'emblée, qui expose à tirer dans une ligne couverte par l'épée ; 3° l'attaque avec le bras raccourci, qu'on dénomme bourrade, et qui offre un danger incontestable à l'épée, où l'on tire le plus souvent à la partie la plus rapprochée.

Certes, le temps des bottes secrètes est passé ; pourquoi donc citer encore avec conviction « le coup » infaillible de tel ou tel tireur ? Cela prouve que l'on ne sait pas assez que les coups de l'attaquant sont subordonnés aux mouvements du pareur. En réalité, une seule ligne existe : celle du corps ; toutes les autres sont déterminées par les positions de l'épée ; aussi, un coup, s'il est simple, peut toujours être paré par l'une des parades simples de la ligne qu'il menace ; il ne peut devenir composé que par des « trompements » de parades, et ces parades, *a priori*, doivent être faites pour être trompées ; le pareur, sachant donc qu'il les exécute, sait aussi « le coup » que leur trompement détermine.

On comprend, dès lors, que nous posions pour principe fondamental de notre enseignement ce que nous regardons comme un axiome : « Le jeu est dirigé par le pareur ».

INTRODUCTION

Cette théorie, toute d'enseignement, résume la méthode que nous employons et qui a pour but la démonstration faite à l'élève, non seulement des mouvements de l'escrime, mais aussi de leur utilité et surtout de leur opportunité.

En effet, nous ne croyons pas que le fait de posséder un nombre plus ou moins grand de mouvements d'attaque ou de défense constitue la science des armes ; c'est seulement lorsqu'ils sont dirigés par la tête et exécutés avec à-propos qu'ils deviennent intéressants.

Nous avons dû nous répéter souvent, afin d'obtenir un enseignement clair, tout en supprimant, autant que possible, les longueurs de démonstration ; aussi, recommandons-nous de ne pas négliger les remarques et observations dans lesquelles nous nous sommes efforcés de grouper les généralités importantes et la « leçon préparatoire », dont les indications relatives à la garde, au développement, au doigté, etc., doivent trouver leur application dans toutes les autres leçons.

Nous pensons que toutes les leçons ne sont que des préparations à l'assaut ; si elles sont comprises, il n'est pas besoin d'autre exercice préalable : on doit passer de l'un à l'autre sans difficulté ; aussi, pour la leçon des contres, nous expliquons (V. Obs. gén., 12) pourquoi nous ne l'avons pas indiquée.

Le professeur devra chercher à faire naître l'intérêt de l'élève en lui démontrant consciencieusement l'escrime, de sorte que la leçon soit pour lui un attrait puissant, et que l'assaut ne soit pas sa préoccupation constante. Il faut, pour cela, que l'enseignement ne soit pas machinal, que le tireur sache bien pourquoi et comment il a attaqué, paré, et se rende compte par lui-même de ses fautes et de celles de son adversaire. Nous considérons le professeur comme étant l'adversaire de l'élève ; en effet, non seulement le premier offre au second des parades à tromper, qui ne diffèrent pas de celles qui pourront lui être présentées à l'assaut, mais encore il l'attaque par toutes les combinaisons de l'escrime. Cela est naturellement réglé, afin d'obtenir une méthode suivie, et, selon nous, la meilleure façon de faire comprendre à l'élève le mécanisme des différents coups est de lui faire exécuter la parade de l'attaque qu'il vient lui-même de faire. Le professeur doit régler sa vitesse sur celle de l'élève (V. Obs. gén., 11) ; rien n'est plus désastreux que la méthode consistant à le cribler de coups de bouton, lesquels ont pour résultat le plus sûr de le faire se contracter et de lui donner la peur de l'attaque, en conséquence un manque absolu de confiance. Au contraire, le tireur (auquel on fait bien comprendre que telle attaque s'exécute seulement sur tel mouvement de l'adversaire, que réciproquement il doit dominer l'attaquant par les parades dont il règle le genre et le nombre) acquerra l'à-propos, le sang-froid, la correction, et devra subordonner son tempérament à ces qualités. L'observation exacte de ces principes lui donnera un jeu clair et sans contractions, ce qui est un point important pour faire de belles armes, chose que l'on doit chercher tout d'abord.

ANATOMIE DE L'ESCRIME

Nous avons pensé qu'il serait utile de recourir à l'anatomie pour la démonstration précise des mouvements articulaires dans les diverses positions de l'escrime.

Les articulations dont le rôle est le plus important sont :

1° Celle du fémur avec le bassin (ou coxo-fémorale) ;

2° Celles du pied (des deux os du pied proprement dit, astragale et calcanéum, et du pied avec le tibia et le péroné) ;

3° L'articulation de l'omoplate avec la clavicule ou acromio-claviculaire ;

4° L'articulation de l'humérus et du cubitus et le jeu des deux os : cubitus et radius.

La première articulation (coxo-fémorale) joue un rôle immédiat dans l'équilibre du tronc par rapport aux jambes : il est à remarquer que, grâce à cette articulation, la jambe peut s'écarter latéralement, mouvement qui se produit dans le développement, mais plus ou moins accentué. Si le mouvement n'est pas complet (*fig.* 2), le corps se porte en avant,

(Fig. 1.)

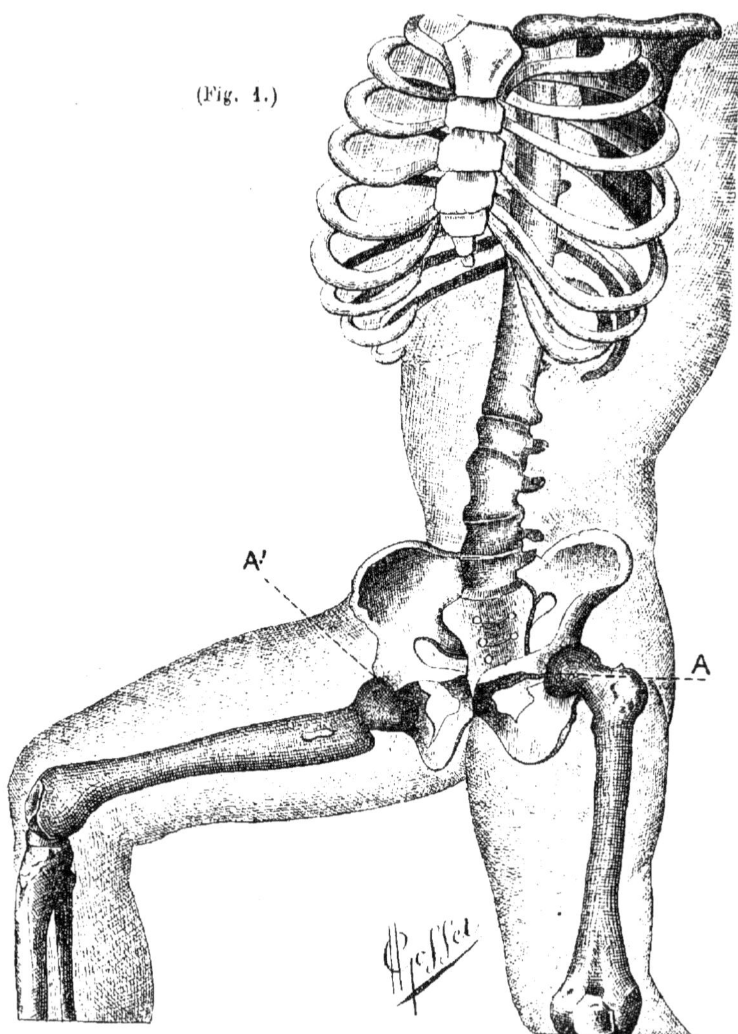

laissant tout son poids à la jambe droite, ce qui compromet l'équilibre du tronc et rend la remise en garde très pénible. Au contraire, si l'on cède de l'articulation coxo-fémorale gauche (*fig.* 1), le corps se

(Fig. 2.)

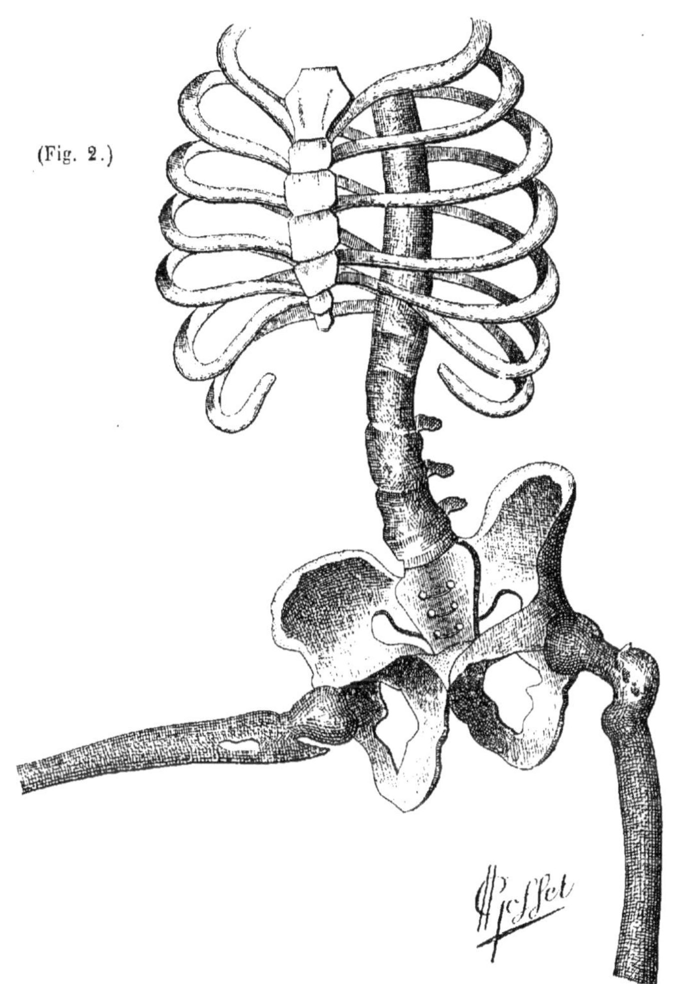

retrouve placé régulièrement sans surcharger l'une ou l'autre jambe.

L'expérience peut se faire également dans la position de la garde (*fig.* 2). Si la hanche gauche est levée, le corps se porte obliquement en avant, surchargeant la jambe droite, ce qui met obstacle au développement. Mais si l'on cède bien de l'articulation coxo-fémorale (*fig.* 1), le poids du corps se trouve réparti dans un plan oblique, passant par ladite articulation et le talon droit ; cela n'empêche pas la *pointe du pied* de se lever au moment du départ, et la *poussée du corps suivant le plan indiqué*, en chassant le talon droit, constitue la seule *détente* que l'on puisse trouver dans un développement rapide.

Cette articulation permet également à la remise en garde de s'effectuer dans un plan presque horizontal, de sorte que le raccourcissement de la jambe gauche aide beaucoup l'action de la jambe droite : tandis que si la hanche ne cède pas, le plan de la remise en garde est très oblique (de bas en haut et d'avant en arrière), et la jambe droite supporte d'abord tout le poids du corps, sans être aidée par la flexion de la jambe gauche.

L'articulation des deux os du pied, astragale et calcanéum, permet de laisser le pied gauche à plat pendant la durée du développement, et de conserver par cela même un point fixe durant l'attaque. Ce mouvement est à observer, car on serait tenté de croire qu'il se passe à hauteur des chevilles, alors que la mortaise péronéo-tibiale ne permet au pied qu'un mouvement latéral presque nul ; mais, en revanche, elle lui offre les mouvements en avant et en arrière, le premier remarquable dans le développement, au moment où on lève la pointe du pied en laissant le corps s'appuyer sur le talon, qui se trouve chassé en avant par ce poids. Il est inutile de dire que si ce poids se trouvait sur la pointe du pied, le départ serait anormal, le jeu de l'articulation étant complètement entravé.

L'articulation de l'omoplate avec la clavicule permet à la première un mouvement de bascule, dans lequel sa pointe vient se loger sous l'aisselle, ce qui entraîne un déplacement latéral de l'épaule, qui fait gagner une distance appréciable dans le développement. Nous recommandons soigneusement de ne pas contracter le muscle trapèze qui, par ses faisceaux supérieurs, est élévateur de l'épaule et empêcherait le mouvement de déplacement latéral.

Les mouvements du radius sur le cubitus font tourner la main de la position de supination à celle de pronation et réciproquement ; cette rotation des os de l'avant-bras détermine donc les positions de la main dans les diverses parades, *à l'exclusion de tout mouvement du bras* (sauf, toutefois, pour la parade de prime).

Les autres mouvements articulaires à observer sont : le mouvement de l'épaule gauche, s'effaçant dans la garde (ce qui fait saillir la poitrine) ; il est à remarquer que ce n'est pas le corps qui doit s'effacer, la position du tronc de profil, par rapport au bassin qui se trouve de trois quarts dans la position de la garde, contournerait la colonne vertébrale et ne serait pas pratique. Le principe à établir serait donc celui-ci : l'épaule gauche effacée sans raideur, le corps de trois quarts suivant la ligne des hanches.

Quant aux muscles, dont nous recommandons si vivement la grande souplesse, ils meuvent les os et suivent leur direction ; mais, lorsqu'un membre est contracté avant d'entrer en action, tous les muscles sont raidis, et il se produit le fait suivant : prenons comme exemple le bras. Les muscles, biceps et triceps, sont, le premier, fléchisseur ; le second, extenseur du bras ; mais, le bras étant contracté dans la position de la garde, il faudra, pour produire l'extension, que le triceps combatte l'action du biceps, qui se trouve raidi ; on se rend compte facilement que cela nuit à la rapidité de l'action et fatigue considérablement le tireur. Le fait se reproduit exactement sur les différentes parties du corps.

Il est bon d'observer la souplesse musculaire, depuis le cou jusqu'aux jambes, car la prétendue détente de jarret n'est produite que par la pression du corps sur le talon droit, ainsi que nous l'avons expliqué plus haut. Si, sous ce prétexte, on contracte les muscles de la jambe, le fait suivant se produit : le muscle long péronier latéral longe le côté externe de la jambe pour venir s'attacher au bord interne du pied en passant sous lui ; sa contraction soulève le pied, et entraîne ainsi une perte d'équilibre pour le tireur qui contracte la jambe sous prétexte de détente de jarret.

Les deux exemples que nous venons de citer montrent que la contraction musculaire ne peut être que nuisible à l'harmonie des mouvements et à la rapidité du tireur, tout en lui causant une fatigue considérable et inutile à tous points de vue.

Nous bornerons notre étude anatomique aux quelques démonstrations et exemples indiqués plus haut, et qui peuvent être utiles pour la compréhension des positions usitées en escrime en appuyant, dans plusieurs cas, notre méthode d'enseignement.

LEÇON PRÉPARATOIRE

Manière de tenir l'épée. — Saisir l'arme entre le pouce et l'index: le pouce reposant à plat, sur le côté convexe de la poignée, l'index replié sur les trois autres côtés; les autres doigts posés sur la même face que la troisième phalange de l'index; le pouce près de la garde sans cependant y être engagé.

Lignes. — On nomme lignes les parties droites et gauches, hautes et basses du corps. Il y a quatre lignes. En plaçant la main au milieu du corps, la partie située *à droite* au-dessus de la main est la ligne *du dessus;* celle située *à gauche* au-dessus de la main est la ligne *du dedans.* La partie située *à droite* au-dessous de la main est la ligne *du dehors;* celle située à gauche *au-dessous* de la main est la ligne *du dessous.*

Les lignes désignent plus spécialement les parties du corps par rapport à la position de l'épée. Par exemple, on dit que le tireur est couvert dans la ligne *du dessus,* quand nulle partie du corps n'est visible et, par conséquent, ne peut être atteinte *à la droite* de son épée : il en est de même pour les autres lignes.

Engagement. — L'engagement est la jonction des épées dans une ligne : on dit que deux tireurs sont engagés dans la ligne *du dessus*, lorsqu'ils ont tous deux l'épée de l'adversaire *à la droite* de la leur et que les fers sont joints. Il en est de même pour les autres lignes.

Les deux tireurs étant engagés dans une ligne, celui qui y est couvert découvre forcément l'autre ; de là le changement d'engagement que nous expliquerons après le chapitre des parades, car ce sont elles qui donnent les positions de la main et de l'épée dans les divers engagements.

Positions du tireur (1). — Le tireur peut occuper trois positions, qui sont : la position préliminaire, la garde, le développement.

1° *Position préliminaire.* — Les talons joints à angle droit, les jarrets tendus, le corps de trois quarts dans la direction de l'adversaire, le regard fixé sur lui ; le bras gauche tombant naturellement le long du corps, la main gauche ouverte, le bras droit tendu, la main à hauteur des yeux, l'épée dans le prolongement du bras. (*Pl.* I.)

Cette position se prend avant de se mettre en garde et à la fin de la leçon ou de l'assaut.

2° *Position de la garde.* — La garde est la position reconnue comme étant la meilleure pour exécuter

---

(1) Nous ne saurions trop recommander la plus grande minutie dans l'observation de ces positions, qui ont une importance énorme pour l'exécution des mouvements de l'escrime.

les mouvements de défense ou d'attaque, sans avoir recours à un mouvement préparatoire. (*Pl.* II.)

Pour se mettre en garde, partant de la position préliminaire : baisser le bras droit, les ongles en dessous, et amener l'épée horizontalement contre le corps ; en même temps, la saisir près de la garde avec la main gauche ; élever l'arme dans la même position à la hauteur du sommet de la tête, en ployant les bras près du corps ; porter la main gauche en arrière et à la même hauteur, le bras gauche arrondi, la main tombante et reposant sur les muscles du poignet.

En même temps, descendre la main droite légèrement au-dessous du sein droit, le bras plié à angle droit, le coude en dedans et détaché du corps, la pointe de l'épée à la hauteur des yeux, les épaules tombant naturellement. Porter le pied droit en avant de deux semelles environ (de façon à avoir le genou droit perpendiculaire au milieu du pied), les talons sur une même ligne, la hanche, le genou et le pied gauche dans le même plan. Fléchir sur les jambes, en répartissant le poids du corps également sur la droite et la gauche.

La tête reposant naturellement sans raideur ni mouvement en avant.

L'épaule gauche doit être effacée, et le corps de trois quarts (1).

---

(1) Les tireurs mal assouplis tournent le corps en effaçant l'épaule ; cette position est fatigante et impossible à garder pratiquement.

Il faut prendre soin (tant dans la garde que dans le développement) de

3° *Position du développement.* — Le développemen[t] est la position adoptée comme étant la meilleur[e] pour atteindre l'adversaire de la plus grande distance possible. (*Pl.* III et IV.)

Pour passer de la position de la garde à celle du développement : tendre le bras devant soi, la main en supination ; laisser suivre l'épaule sans la lever, et se fendre en laissant tomber la main gauche près de la cuisse gauche sans cependant la toucher.

Les mouvements du développement doivent se faire en observant strictement l'ordre ci-dessus, sans interruption et avec une souplesse parfaite, comme si la pointe de l'épée tirait à elle la main, l'épaule et déterminait la fente.

La position de la main, les ongles en dessus, a une grande importance au point de vue de la direction de la pointe ; nous l'expliquerons dans le chapitre réservé au doigté. La main ne doit pas dépasser la hauteur de l'épaule dans le développement du bras : le niveau du corps baissant par suite de la fente, elle se trouve, à la finale, placée à la hauteur du visage. Il est important aussi que la tête soit maintenue droite et fixe, car son poids, se portant en avant, surchargerait le pied droit, dont le départ ne pourrait s'effectuer sans un saut, qui prévient l'adversaire, détruit toute légèreté dans la remise en garde et compromet l'équilibre du corps.

Pour se fendre, lever légèrement la pointe du pied

---

bien céder de la hanche gauche (articulation coxo-fémorale) afin de maintenir l'équilibre du corps.

droit et le porter en avant, en rasant le sol du talon, à une semelle et demie environ (selon la taille, de sorte que le genou soit perpendiculaire au milieu du pied). En même temps, tendre la jambe gauche avec souplesse, en maintenant le pied fortement fixé au sol, comme point d'appui et de direction unique pendant la durée de la fente.

Le bras gauche doit tomber avec netteté : on évitera de jeter la main gauche en arrière, ce qui exposerait à des mouvements inutiles du tronc.

L'épaule gauche sera maintenue tombante sans raideur ; la hanche gauche doit être entièrement souple, afin de faciliter le départ du pied en cédant sous le poids du corps, qui pourra ainsi être maintenu droit.

On tâchera d'obtenir ces mouvements de souplesse par le redressement du corps, tout en cédant des hanches, de façon que le corps ne tombe pas sur la jambe droite.

Pour reprendre la position de la garde, partant de celle du développement, il faut coordonner trois mouvements :

1° Presser fortement le sol du pied droit ;
2° Raccourcir la jambe gauche ;
3° Relever la main gauche.

Ces trois mouvements doivent se faire *en même temps*. Le principe étant observé, la remise en garde sera naturelle sans efforts ni raideur de muscles.

Le bras droit doit se raccourcir immédiatement après le développement, afin de parer les ripostes.

Rassemblements. — On nomme rassemblements les mouvements qui reportent à la position préliminaire décrite plus haut.

Ils se font :

1° En avant : prendre la position préliminaire, en rapportant le pied gauche près du droit ;

2° En arrière : prendre la position préliminaire, en rapportant le pied droit près du gauche.

Les rassemblements s'exécutent à la fin de la leçon et de l'assaut et dans le salut des armes. Ils se font aussi en arrière, lorsqu'on est surpris par une attaque violente, mais on ne fait alors que reporter le talon droit contre le gauche et retomber aussitôt en garde en arrière, en reportant le pied gauche à sa distance, tout en conservant la position de garde des bras.

Marcher et rompre. — On marche pour attaquer un adversaire se trouvant hors de portée.

On rompt pour éviter une attaque partant de trop près.

Pour marcher, étant dans la position de la garde, lever la pointe du pied droit et le porter en avant avec légèreté, reporter ensuite le pied gauche à sa distance. (Prendre soin que le mouvement en avant ne se produise que dans l'articulation du genou sans déplacement du corps.)

Pour rompre, le mouvement est inverse. Porter le pied gauche en arrière (1) (en allongeant la jambe

______

(1) Il est à remarquer que si la hanche gauche se levait pour rompre, ce mouvement porterait le corps au-devant de la pointe adverse au lieu de l'en éloigner.

gauche sans lever la hanche) et reporter immédiatement le pied droit à sa distance.

Doigté. — Le doigté est la faculté qui permet
de diriger les mouvements de l'épée à l'aide des
doigts seuls. C'est une qualité de première importance et que l'on doit s'attacher à acquérir dès le
début. Le pouce et l'index dirigent la pointe, les
autres doigts donnent aux mouvements de l'épée
l'autorité nécessaire dans les parades et la netteté
dans les trompements de fer. Ils doivent maintenir
la poignée avec souplesse et ne l'écarter légèrement
de la paume de la main que pour la ramener aussitôt
et dans les cas suivants : parades demi-circulaires et
battements. Lorsque la main reste souple, une pression de doigts suffit pour les parades simples et les
autres attaques de l'épée.

Pour tromper les parades, le pouce et l'index suf-
fisent, car le mouvement à imprimer à la pointe est
très léger et vertical. Voici pourquoi : la pointe, se
présentant menaçant la ligne du dedans par exemple,
se trouve placée au milieu du corps; et la parade,
quelconque, devra couvrir le pareur jusqu'à la limite
du corps. Il s'agit donc, pour tromper, de baisser
légèrement la pointe au passage de l'épée adverse,
afin d'éviter sa rencontre et de la remettre en ligne
immédiatement par une pression de doigts. Pour
tromper les parades de lignes basses, on évite l'épée
en passant par-dessus; le mouvement de la pointe
sera donc ascendant et descendant, au lieu d'être
descendant et ascendant.

Il est évident que les doigts doivent dominer la poignée pour avoir toute leur action sur elle. C'est ce qui explique la nécessité d'avoir les ongles en dessus lorsque le bras se développe.

Pour parer, la main se porte dans la position de la parade et les doigts donnent une pression nette qui la détache.

Nous insistons pour l'exécution de tous ces mouvements par les doigts, qui ne devront, en aucun cas, être remplacés par le bras ou le poignet.

Parades (1). — La parade est l'action de se garantir d'une attaque en détournant, avec l'épée, l'arme de l'adversaire de la direction du corps.

Chacune des lignes, dont nous parlons plus haut, peut être fermée par deux parades, simples ou d'opposition, qui sont :

Pour la ligne du dedans : quarte (*pl.* VIII) et quinte (*pl.* IX).
Pour la ligne du dessus : sixte (*pl.* XI) et tierce (*pl.* VII).
Pour la ligne du dessous : septime (*pl.* XII)

et prime. { haute (*pl.* V).
{ basse (*pl.* X).
Pour la ligne du dehors : octave (*pl.* XIII) et seconde (*pl.* VI).

On forme la parade de quarte, en portant la main à gauche, les ongles tournés de trois quarts vers la gauche, la pointe de l'épée à hauteur de l'œil et légèrement en dehors de la ligne.

---

(1) Si, dans la nomenclature des leçons, nous désignons seulement les parades de quarte, sixte, septime, octave, ce n'est que pour plus de clarté; les autres parades couvrant les mêmes lignes doivent s'employer indifféremment et sans préférences.

On forme la parade de prime, en portant la main à gauche, à la hauteur du sommet de la tête, les ongles tournés vers la droite, la pointe de l'épée vers le sol, en une oblique dans la direction de l'adversaire.

On forme la parade de sixte, en portant la main à droite, les ongles en dessus, la pointe à la hauteur de l'œil et légèrement en dehors de la ligne.

On forme la parade de tierce, en portant la main à droite, les ongles en dessous, la pointe à hauteur de l'œil et légèrement en dehors de la ligne.

On forme la parade de septime, en portant la main dans la position de quarte, la pointe tournée vers le sol, en une oblique dans la direction de l'adversaire.

La parade de quinte se forme en tournant les ongles de trois quarts vers la terre, la main dans la position de quarte, bien que plus basse ; c'est la parade de quarte forcée.

On forme la parade de prime basse, comme celle de prime haute ; toutefois la hauteur de la main doit correspondre à celle de l'épaule.

La parade d'octave se forme en portant la main dans la position de sixte, la pointe dirigée en bas, en une oblique dans la direction de l'adversaire.

La parade de seconde se forme en portant la main à droite en pronation ; la pointe tournée vers le sol, en une oblique dans la direction de l'adversaire (1).

---

(1) Parfois une parade peut garantir une ligne qu'elle n'a pas mission de couvrir ; par exemple, étant engagé en quarte, sur une attaque dans la ligne du dessus, on peut parer prime en passant la main sous l'épée

4

Outre les parades simples ou d'opposition, existe huit parades, que l'on nomme contres. L position de la main, dans ces parades, correspond celle prise pour chacune des huit parades simples (1

On prend les contres de la façon suivante :

Contre de quarte : baisser la pointe verticalemen la passer sous l'épée adverse en l'écartant légère ment à droite et en la remontant à hauteur de l'en gagement ; frapper latéralement un léger coup se avec les doigts.

Contre de sixte et contre de tierce : baisser l pointe verticalement, la passer sous l'épée adverse e l'écartant légèrement à gauche ; frapper latéralemen (à droite) un léger coup sec avec les doigts.

Pour les parades de prime, de seconde, de sep time et d'octave, le mouvement du contre est inverse c'est-à-dire que l'on passe par-dessus l'épée adverse et que le mouvement de pointe est ascendant e descendant.

---

adverse qui se trouve chassée à gauche, bien que la ligne du dessus ait été menacée et que la prime ne la ferme pas. Ce cas se présente souvent dans les attaques de lignes hautes à lignes basses et réciproquement, c'est-à-dire que l'on peut parer octave ou seconde sur une attaque dans la ligne du dessous, ou, étant engagé dessous, parer sixte ou tierce sur une attaque dans la ligne de dedans. Cela montre bien que les lignes ne sont déterminées que par la position de l'épée ; c'est au pareur à voir si la pointe est dirigée plus à droite ou à gauche et de parer en consé- quence.

Sauf la position de prime qui entraîne un déplacement du coude, les autres parades doivent être prises par la seule rotation de l'avant-bras et de la main se portant dans leurs positions respectives et n'être accentuées que par la pression des doigts.

(1) En prenant un contre, la main ne doit faire aucun mouvement ; la position de la parade simple doit être conservée.

Changement d'engagement. — Nous connaissons maintenant les positions de la main dans les diverses parades, et l'on donne leur nom aux engagements qui y correspondent. On dit : engagement de quarte, de sixte, de tierce, lorsque les fers se joignent et que la main et l'épée occupent la position de la parade désignée. Pour passer d'un engagement à l'autre, par exemple de celui de quarte à celui de sixte, exécuter avec la pointe le mouvement du contre de sixte en même temps qu'on porte la main dans la position de sixte. Réciproquement, pour engager de sixte en quarte.

Pour passer de l'engagement de septime à celui d'octave, exécuter avec la pointe le mouvement du contre d'octave, en même temps qu'on porte la main dans la position d'octave. Réciproquement, pour passer de l'engagement d'octave à celui de septime.

Il est bien entendu que l'engagement n'ayant pas pour but de chasser le fer, il est inutile de donner la pression de doigts qui détache les épées dans le mouvement du contre.

Attaques simples. — Les attaques simples sont au nombre de trois : le coup droit, le dégagement, le coupé.

Ces attaques sont formées d'un seul mouvement, et ne trompent pas de parades ; elles sont la base de toutes les autres attaques dans lesquelles nous retrouverons toujours feinte de coup droit, de dégagement ou de coupé.

Le coup droit est le résultat du développement et

de la fente, sans changer la ligne de l'engagement.

Le dégagement, ainsi que son nom l'indique, est l'attaque faite en dégageant la pointe de la ligne de l'engagement pour tirer dans une autre ligne. Il s'exécute de ligne haute à ligne haute, de ligne basse à ligne basse, ou de ligne haute à ligne basse et de ligne basse à ligne haute.

Le coupé est un dégagement exécuté en passant par-dessus la pointe adverse, il ne s'exécute que de ligne haute à ligne haute.

Feintes. — La feinte est le simulacre d'une attaque et n'en diffère que par l'absence de la fente : les premiers mouvements du développement doivent donc se faire exactement comme nous les indiquons, de façon à menacer l'adversaire en lui donnant l'illusion de l'attaque. et à tromper la ou les parades qu'il prend pour s'en garantir et même, au cas où il ne répond pas à la feinte, pouvoir continuer le développement ; car la feinte faite par l'attaquant ne détermine pas nécessairement une parade y répondant, ni surtout une parade déterminée, c'est-à-dire que le pareur peut, ou ne pas répondre, ou prendre soit une opposition, soit un contre.

De ces principes, il résulte que les parades doivent être trompées à l'œil, c'est-à-dire lorsqu'elles se présentent et quel que soit leur genre. En effet, si le rôle de l'attaquant est de faire parer l'adversaire par l'approche de la pointe menaçante, celui du pareur est de ne répondre à la feinte que s'il le veut et comme il le juge bon, afin de faire tirer l'adversaire et placer une riposte.

Dans le cas où l'attaquant tire d'emblée (ce qui est toujours une faute grave), c'est-à-dire veut exécuter une attaque déterminée d'avance par lui, il est préférable de ne pas répondre aux feintes ; comme une seule ligne est ouverte, et qu'il compte sur une parade pour en ouvrir une autre, il vient de lui-même s'embarrasser dans le fer du pareur, sauf si la finale est dirigée en ligne basse, auquel cas on parera, mais seulement l'attaque vraie.

Nous donnons, dans les reprises, des séries de feintes assez composées, afin de former le doigté de l'élève, de lui exercer l'œil et de lui donner la retenue nécessaire. Le professeur devra changer ses parades, afin de s'assurer qu'il ne tire pas d'emblée, ou ne pas répondre à la feinte, auquel cas l'élève devra continuer le développement sans interruption.

Pour le début, il est inutile de faire ces séries composées, l'étude du trompement d'une seule parade est suffisante.

La manière de tromper les parades, indiquée dans le chapitre du doigté, trouve son application dans les feintes.

De la riposte. — Toute attaque parée donne lieu à une riposte du pareur. Les ripostes sont dites simples, composées, à temps perdu.

Les ripostes simples, ou du tac au tac (expression qui indique bien la rapidité du mouvement), se font sans changer de ligne, en allongeant le bras dans la direction de l'adversaire, immédiatement après la parade ; comme si l'épée rebondissait sur le fer adverse pour former riposte. Dans la riposte de quarte, ce mouvement est remarquable, car on renverse la main, les ongles en dessus, ce qui remet la pointe bien en ligne (même mouvement que pour le déploiement de bras). Dans les autres parades, il est préférable d'exercer l'élève à riposter dans la position de la parade prise ; par exemple, pour les parades de prime, de tierce, faire riposter la main entièrement renversée, le dos de la main tourné à gauche ; ces positions ne sont difficiles que par le manque d'exercice, aussi recommandons-nous d'employer indifféremment toutes les parades et toutes les ripostes.

Les ripostes composées sont celles faites en changeant de ligne (par le dégagement et le coupé, par exemple) ou précédées de feintes (par le une deux, le doublement, le coupé dégager). Dans ces ripostes, le mouvement de la pointe doit précéder l'allongement du bras ; on peut facilement se convaincre que toute autre manière de faire ne serait pas pratique.

Les ripostes à temps perdu sont celles exécutées pendant ou aussitôt après la remise en garde de l'adversaire ; elles se font avec le développement et peuvent être composées de plusieurs feintes.

Lorsque la main reste souple et que le doigté est assez développé, on peut, si la riposte simple n'a pas porté, exécuter une riposte par le dégagement, par exemple, et une riposte à temps perdu.

OBSERVATIONS GÉNÉRALES

1º *Ripostes*. — Afin d'éviter de trop fréquentes répétitions, nous n'avons pas indiqué la riposte après chaque parade finale. Le principe que nous énonçons au chapitre des ripostes : « Toute attaque parée donne lieu à une riposte du pareur », doit néanmoins être rigoureusement appliqué.

2º *Attaques*. — Il est bien entendu que la nomenclature des coups n'est faite que pour un classement; l'élève doit tromper les parades qui se présentent, quel que soit leur genre (ce qui change le nom des attaques).

3º *Parades*. — L'élève devra toujours savoir quelle attaque il a fait exécuter à l'adversaire et ne pas chercher à embrouiller l'attaquant en multipliant les parades; cette dernière manière de faire expose aux inconvénients suivants : 1º si l'attaquant trompe, le pareur s'emballe la main et s'expose à être touché ; 2º si l'attaquant ne trompe pas, il ne se fendra pas et le pareur perd l'occasion d'une riposte. (Voy. 1ʳᵉ LEÇON : *Observation pour l'enseignement*.)

4º Le choix des parades de quarte et sixte comme base s'explique en ceci : L'angle formé par la rotation de la main se portant de sixte en quarte, et réciproquement, n'est que de 45º ; ces parades sont donc plus rapides que d'autres nécessitant un déplacement plus grand.

5º On observera que la netteté dans les parades n'est pas obtenue par la force, mais bien par la rapidité de l'action, c'est-à-dire que le mouvement d'une parade simple est exactement celui que l'on fait en passant d'une ligne à l'autre (pour se couvrir sur un changement d'engagement de l'adversaire). Le choc qui détermine le tac est produit par la vitesse de l'action de se couvrir, ce qui explique le principe : « Parer la finale très tard et très vite ».

Nous avons dit, pour les parades de contre, que le mouvement de la pointe était celui de l'engagement, et l'on ne doit pas déployer plus de force que pour ce dernier mouvement.

6° Il est à remarquer que, dans les parades de lignes hautes, l'avant-bras, la main et l'épée doivent être en ligne droite. Il faut avoir soin ne ne pas renverser la main sur l'avant-bras en quelque sens que ce soit, ces positions ne permettant pas de parer avec netteté, ni de se couvrir complètement.

7° On peut observer que, pour parer une riposte basse en étant fendu, il suffit souvent de prendre la parade correspondante de ligne haute, en baissant légèrement la main, car le corps se trouve très protégé par son changement de niveau qui le cache en partie derrière la cuisse droite.

8° Si, dans les reprises que nous donnons, certaines sont longues, ce n'est pas qu'on doive les faire exécuter entièrement par un tireur non résistant; le travail ne doit pas aller jusqu'à la fatigue pour être profitant.

9° Toute observation ou manière d'exécuter, faite en tête ou à la première attaque d'une reprise, est applicable : 1° pour le coup droit aux feintes de coup droit; 2° pour le dégagement aux feintes de dégagement.

10° En ce qui concerne les gauchers, tout ce qui est porté comme s'exécutant ou étant à droite se trouve être pour eux à gauche; tout ce qui est désigné comme étant à gauche se trouve pour eux à droite.

Quant à la difficulté plus ou moins grande de les combattre, on se rendra compte que l'avantage du gaucher sur le droitier est exactement celui du droitier sur le gaucher; la seule différence est le manque d'habitude d'avoir pour adversaire un gaucher. Il serait désirable que le professeur donne leçon indifféremment de l'une et l'autre main, afin que l'élève n'éprouve aucune difficulté lorsqu'il se trouve avoir un gaucher comme adversaire.

11° On nous a présenté quelques observations au sujet de ce principe : « Le pareur doit diriger le jeu ». Il faut se reporter au chapitre des feintes pour les rôles de l'attaque et de la défense comparés. Nous faisons d'ailleurs remarquer qu'on doit considérer les adversaires comme étant à peu près d'égale force ; cela seul peut démontrer la supériorité d'un principe.

12° *Tirer des contres* (exercice consistant à exécuter un certain nombre de fois une parade et une attaque déterminées) nous semble superflu comme préparation à l'assaut; en effet, le tireur ne doit jamais exécuter une attaque au hasard, et, comme dans la « leçon des contres », le coup est annoncé d'avance, contrairement à ce qui arrive dans l'assaut, cette préparation peut devenir plutôt nuisible.

13° *Attaques à l'épée.* — En général, on exécute une attaque à l'épée lorsque l'adversaire a la pointe en ligne, afin de le faire couvrir dans l'une ou l'autre ligne, de faciliter l'attaque et de ne pas s'exposer à un temps sur un mouvement de dégagement ou même sur un coup droit.

14° Le froissement est une attaque à l'épée, composée d'une forte et rapide pression de doigts en glissant sur le fer adverse. Ce mouvement s'exécute de préférence sur un tireur qui se tient en garde le bras tendu ; il ébranle considérablement, mais ne permet guère que les coups simples. Nous conseillons de n'en pas faire abus, car le dérobement d'un froissement est fort dangereux.

15° Nous désirons vivement que les coups touchant la tête, l'épaule ou le bras, comptent au moins pour un demi-point; cela ferait disparaître cette méthode consistant à abriter la poitrine derrière le bras et non derrière l'épée, et rendrait le jeu du fleuret absolument semblable au jeu du terrain, qui ne doit point en différer réellement.

16° Pour s'assurer que l'élève ne dépasse pas la limite du corps en parant, le professeur attaquera en retirant la pointe de la ligne à la finale (par conséquent sans donner de fer); la parade devra s'arrêter à la limite du corps.

17° Afin de s'assurer que l'élève porte les attaques à fond et sans se préoccuper si elles sont parées, il est bon de faire de temps à autre un mouvement ostensible de parade, sans cependant l'achever; ce mouvement ne devra pas influencer l'attaquant dans son développement final.

18° *Parades.* — Lorsque les mouvements de l'avant-bras et

du poignet ne s'exécutent pas en même temps, il en résulte, pour la pointe, une tendance à baisser, ce qui fait que la parade manque de netteté.

19° *Ripostes basses.* — Le mouvement de la pointe nécessaire pour riposter dessous est analogue à celui qu'elle décrit pour les parades de septime et d'octave ; la main ne doit donc pas se déplacer en hauteur.

20° *Anatomie de l'escrime.* — Ainsi qu'il est indiqué à ce chapitre, nous n'avons pris que ce qui est strictement nécessaire pour la compréhension des positions de l'escrime. Nous nous réservons de faire ultérieurement une étude plus spéciale et plus développée des différents mouvements et de leur recherche anatomique. Si nous ne l'avons fait tout d'abord, c'est afin d'éviter une étude que le volume du livre ne comportait pas.

1RE LEÇON [1]

1° Coup droit (2). — On exécute le coup droit
dans les cas suivants :

1° Lorsque l'adversaire a la pointe trop basse ;

2° Lorsqu'il est découvert dans la ligne de l'engagement ;

3° En le découvrant par un engagement d'autorité,
c'est-à-dire par une pression insistante et continue
sans dureté.

Dans le premier cas, on peut exécuter le coup
droit en tournant la main dans la position de tierce
ou de prime, ou élever la main en tirant, ce qui rend
la parade moins facile, la pointe étant trop basse.

Parades du coup droit. — Il faut se garder de se
trouver dans les deux premiers cas, c'est-à-dire d'être
découvert à son insu. Pour le premier cas, il suffit
de relever la pointe à hauteur de l'œil par un mouvement demi-circulaire semblable au contre ; quant
au second cas, il rentre dans les même parades que

---

(1) Voir, pour la manière de tromper, le chapitre du *Doigté*.
(2) Voir Leçon préparatoire, *Attaques simples*.

le troisième. Pour le troisième cas, le tireur qui veut faire exécuter un coup droit à son adversaire se découvrira complètement dans la ligne de l'engagement, en se couvrant dans la ligne opposée, et, à la finale de l'attaque (c'est-à-dire au départ du pied), il prendra soit la parade simple de la ligne ouverte, soit la parade de contre de la ligne dans laquelle il s'est couvert.

2° Feinte de coup droit et dégager. —

Si, sur une feinte de coup droit, le pareur prend une opposition, cette parade trompée constitue pour l'attaquant une feinte de coup droit et dégager.

Parades. — Le pareur qui veut faire exécuter à son adversaire une feinte de coup droit et dégager, après avoir répondu à la feinte de coup droit par une opposition, prendra sur la finale de l'attaque une seconde parade, soit simple, soit de contre.

3° Feinte de coup droit tromper le contre. —

Si, sur une feinte de coup droit, le pareur prend une parade de contre, en trompant cette parade, on aura exécuté une feinte de coup droit et trompé le contre.

Parades. — Le tireur qui veut faire exécuter à l'attaquant une feinte de coup droit et tromper le contre, après avoir pris un contre sur la feinte de coup droit, prendra à la finale une seconde parade, soit opposition, soit contre.

4° Dégagement. — Le dégagement s'exécute de préférence sur un engagement d'autorité ou une pression de l'adversaire ; en effet, le mouvement nécessaire pour dégager est alors très peu accentué : l'attaquant ne fait que céder de la pointe en tendant le bras, et donner un léger temps de doigts pour la diriger dans la ligne où il exécute le dégagement. Ce mouvement est remarquable, partant de la ligne de quarte, où il faut céder en même temps de la main et de la pointe et non faire deux mouvements distincts.

Parades. — Le pareur voulant faire exécuter un dégagement à l'adversaire prend un engagement d'autorité, et, sur la finale du dégagement, pare soit par une opposition, soit par un contre.

5° Une deux. — Si, sur une feinte de dégagement, le pareur prend une opposition, cette parade trompée détermine pour l'attaquant une feinte de dégagement et dégagement (soit *une deux*).

Parades. — Sur une feinte de dégagement, le pareur voulant faire exécuter un *une deux* à l'adversaire, prendra une opposition, et, à la finale de l'attaque, une seconde parade, soit opposition, soit contre.

6° Doublement. — Si, sur une feinte de dégagement, le pareur prend un contre, cette parade trompée constitue un double dégagement *partant* *d'une même ligne* (la parade du contre étant une sorte d'engagement), soit un doublement.

Parades. — Sur une feinte de dégagement, le pareur voulant faire exécuter un doublement à l'adversaire prendra un contre, et, à la finale de l'attaque, une seconde parade, soit opposition, soit contre.

OBSERVATIONS POUR L'ENSEIGNEMENT

Nous venons d'indiquer les premières attaques des reprises que nous comprenons ainsi (1) :

Le professeur fait exécuter à l'élève, plusieurs fois de suite, une attaque; il pare la dernière par une opposition, et fait faire à l'élève la parade que lui-même vient d'exécuter. Il fait reprendre le même exercice et pare alors la finale par un contre, il fait exécuter à l'élève cette même parade.

Il est nécessaire que l'élève sache toujours quelle attaque il a exécutée ou parée; en sorte que la tête commande aux mouvements et que rien ne soit livré au hasard. A cet effet, le professeur changera ses parades pour s'assurer que l'élève trompe à l'œil; il l'exercera à ne pas s'effrayer d'une feinte, et à ne la parer que lorsque bon lui semble; de cette façon, il

---

(1) Il est à remarquer que la parade finale, soit opposition, soit contre, ne change en rien le nom de l'attaque; seules, les parades trompées déterminent le nom des coups.

passera sans difficulté de la leçon à l'assaut, qui doit en être l'application exacte.

Si le pareur répond aux feintes par plusieurs parades, l'attaquant peut, en les trompant, exécuter les mouvements suivants :

1º *Une deux trois.* — Le pareur prenant deux oppositions.

2º *Une deux tromper.* — Le pareur prenant une opposition et un contre.

3º *Doublement, dégagement.* — Le pareur prenant un contre et une opposition.

4º *Triplement.* — Le pareur prenant deux contres.

5º *Une deux trois quatre.* — Le pareur prenant trois oppositions.

6º *Une deux trois, tromper.* — Le pareur prenant deux oppositions et un contre.

7º *Une deux, tromper, dégager.* — Le pareur prenant une opposition, un contre et une opposition.

8º *Doublement, une deux.* — Le pareur prenant un contre et deux oppositions.

9º *Doublement dans les deux lignes.* — Le pareur prenant un contre, une opposition et un contre.

10º *Triplement, dégagement.* — Le pareur prenant deux contres et une opposition.

11º *Quadruplement.* — Le pareur prenant trois contres.

Si ces parades sont exécutées sur une feinte de coup droit, au lieu d'une feinte de dégagement, les attaques prennent les noms suivants :

Feinte de coup droit, une deux. — Le pareur prenant deux oppositions.

Feinte de coup droit, tromper, dégager. — Si le pareur prend un contre et une opposition.

Feinte de coup droit, tromper deux fois. — Si le pareur prend deux contres.

On pourrait continuer à l'infini la série des trompements d'épée, mais comme il est déjà fort difficile de tromper une ou deux parades, et que le développement du bras et de l'épaule doit être alors complet, il est inutile de chercher à exécuter des trompements de fer sur place, c'est-à-dire sans rapprocher la pointe du but.

1re REPRISE (1).

ENGAGEMENT DE QUARTE.

1. *Coup droit.* — Sur le coup droit, parer quarte.
2. *Feinte de coup droit et dégager.* — Parer quarte et sixte.
3. *Feinte de coup droit, tromper le contre.* — Parer contre de sixte et quarte.
4. *Feinte de coup droit, tromper le contre et dégager.* — Parer contre de sixte, quarte et sixte.
5. *Feinte de coup droit, tromper deux fois le contre.* — Parer deux fois le contre de sixte et quarte.

2e REPRISE (2).

ENGAGEMENT DE QUARTE.

1. *Dégagement.* — Sur le dégagement parer sixte.
2. *Une deux.* — Parer sixte et quarte.
3. *Doublement.* — Parer contre de quarte et sixte.
4. *Une deux trois.* — Parer sixte, quarte et sixte.

---

(1) Chacune des attaques dans les diverses leçons sera exécutée partant de l'engagement de quarte, puis de l'engagement de sixte. Pour ce dernier, il suffit de remplacer, pour la dénomination des parades, quarte par sixte, contre de quarte par contre de sixte et réciproquement.

Afin d'exercer le tireur à prendre toutes les parades sans préférence, nous conseillons d'appliquer les OBSERVATIONS POUR L'ENSEIGNEMENT ainsi que l'Observation (1) du titre : *Parades.*

(2) Voy. OBSERVATION POUR L'ENSEIGNEMENT (p. 38).

5. *Une deux, tromper le contre.* — Parer sixte, contre de sixte et quarte.

6. *Doublement, dégagement.* — Parer contre de quarte, sixte et quarte.

7. *Triplement.* — Parer deux fois le contre de quarte et sixte.

3e REPRISE.

ENGAGEMENT DE QUARTE.

1. *Une deux trois quatre.* — Parer sixte, quarte, sixte et quarte.

2. *Une deux trois, tromper le contre.* — Parer sixte, quarte, contre de quarte et sixte.

3. *Une deux, tromper le contre et dégager.* — Parer sixte, contre de sixte, quarte et sixte.

4. *Doublement et une deux.* — Parer contre de quarte, sixte, quarte et sixte.

5. *Doublement dans les deux lignes.* — Parer contre de quarte, sixte, contre de sixte et quarte.

6. *Triplement et dégagement.* — Parer deux fois le contre de quarte, sixte et quarte.

7. *Quadruplement.* — Parer trois fois le contre de quarte et sixte.

———

2ᴱ LEÇON

Coupé (1). — Le coupé est un dégagement par-dessus la pointe adverse. Il s'exécute de préférence sur une pointe basse, et de la façon suivante : faire passer l'épée par-dessus la pointe adverse par une pression nette du pouce, la rabattre dans la ligne opposée en tendant le bras, se développer.

1ʳᵉ REPRISE (2).

ENGAGEMENT DE QUARTE.

1. *Coupé*. — Parer sixte sur le coupé.
2. *Coupé, dégager*. — Parer sixte et quarte.
3. *Coupé, tromper le contre*. — Parer contre de quarte et sixte.

2ᵉ REPRISE.

ENGAGEMENT DE QUARTE.

1. *Coupé, une deux*. — Parer sixte, quarte et sixte.

---

(1) Voy. OBSERVATIONS POUR L'ENSEIGNEMENT (p. 38).

(2) Le coupé étant un dégagement, il est à remarquer que le coupé dégager équivaut à un, une, deux, le coupé tromper le contre à un doublement, et ainsi de suite. (Comparer les parades de la 2ᵉ reprise, 1ʳᵉ leçon, avec les reprises du coupé.)

2. *Coupé, doublement.*— Parer sixte, contre de sixte et quarte.

3. *Coupé, tromper le contre et dégager.* — Parer contre de quarte, sixte et quarte.

4. *Coupé, tromper deux fois le contre.* — Parer deux fois le contre de quarte et sixte.

Lignes basses. — Toutes les feintes ou attaques, en général, peuvent viser les lignes basses.

On peut, étant engagé en ligne haute, exécuter un dégagement dessous ; il suffit de baisser légèrement la pointe, sans déplacer la main, et tirer comme pour le dégagement simple, la pointe visant la partie du corps située sous la main de l'adversaire.

Le pareur, pour se garantir de cette attaque, parera soit septime, soit octave ou seconde. (Voir Obs., 2, au titre : *Parades.*)

Les feintes de lignes hautes à lignes basses, et réciproquement, ne sont formées que du mouvement plus accentué des feintes de ligne haute à ligne haute ; c'est-à-dire que, pour produire la menace en ligne basse, il suffit de faire exécuter à la pointe un temps de bascule plus prononcé.

Les parades de lignes hautes à lignes basses, et réciproquement, sont formées d'un mouvement de pointe demi-circulaire. Nous recommandons cette leçon pour la formation du doigté ; le professeur exigera que l'élève ne déplace pas la main, et que la pointe seule, guidée par les doigts, exécute les feintes.

Lorsque le tireur sera assez exercé, le professeur devra lui faire exécuter les feintes et attaques dessous, la main en position de seconde.

1ʳᵉ REPRISE.

ENGAGEMENT DE QUARTE.

1. *Dégagement dessous.* — Parer septime.
   Dégagement dessous. — Parer octave.
2. *Une deux (feinte dessous tirer dehors).* — Parer septime et
   octave.
   Une deux (feinte dessous tirer dehors). — Parer septime et
   contre de septime.
3. *Une deux (feinte dessous tirer dedans).* — Parer septime et
   quarte.
   Une deux (feinte dessous tirer dedans). — Parer septime et
   sixte.
4. *Une deux (feinte dessus tirer dehors).* — Parer sixte et
   octave.
   Une deux (feinte dessus tirer dehors). — Parer sixte et
   septime.
5. *Doublement (feinte dessus tirer dessous).* — Parer contre
   de quarte et septime.
   Doublement (feinte dessus tirer dessous). — Parer contre
   de quarte et octave.

2ᵉ REPRISE.

ENGAGEMENT DE QUARTE.

1. *Une deux trois dessous.* — Parer sixte, quarte et septime.
   Une deux trois dessous. — Parer sixte, quarte et octave.
2. *Une deux trois dessus.* — Parer septime, quarte et sixte.
   Une deux trois dessus. — Parer septime, quarte, contre
   de quarte.
3. *Une deux trois dedans.* — Parer octave, sixte, quarte.
   Une deux trois dedans. — Parer octave, sixte et contre de
   sixte.
4. *Une deux, tromper dehors.* — Parer sixte, contre de sixte,
   octave.
   Une deux, tromper dehors. — Parer sixte, contre de sixte,
   septime.

3e REPRISE.

ENGAGEMENT DE QUARTE.

1. *Doublement, dégagement dehors.* — Parer contre de quarte
sixte, octave.
Doublement, dégagement dehors. — Parer contre de quarte
sixte, septime.
2. *Doublement, dégagement dessus.* — Parer contre de quarte
octave, sixte.
Doublement, dégagement dessus. — Parer contre de quarte
octave, quarte.
3. *Triplement dessous.* — Parer deux fois le contre de quarte
et septime.
Triplement dessous. — Parer deux fois le contre de quarte
et octave.
4. *Doublement, dégagement dedans.* — Parer contre de quarte,
septime, quarte.
Doublement, dégagement dedans. — Parer contre de quarte,
septime, sixte.

3ᴱ LEÇON

Absence d'épée. — L'absence d'épée est l'action de quitter un engagement sans pour cela en prendre un second ; c'est donc l'abandon de l'épée adverse. Ce mouvement s'exécute de préférence lorsque l'adversaire fait une pression sur l'épée, et que l'on veut conserver la position de l'engagement primitif sans reprendre l'autorité. Il suffit de passer la pointe sous l'arme adverse et de lui faire reprendre sa position (sans engagement d'épée).

1re REPRISE.

ENGAGEMENT DE QUARTE.

Sur l'absence d'épée (le pareur fait une absence d'épée) :

1. *Coup droit.* — Parer sixte.
2. *Feinte de coup droit et dégager.* — Parer sixe et quarte.
3. *Feinte de coup droit, tromper le contre.* — Parer contre de quarte, sixte.
4. *Feinte de coup droit, tromper le contre et dégager.* — Parer contre de quarte, sixte et quarte.
5. *Feinte de coup droit, tromper deux fois le contre.* — Parer deux fois le contre de quarte et sixte.

Changement d'engagement. — Le changement d'engagement se fait pour les mêmes raisons que l'absence d'épée. Ainsi que nous l'avons dit (LEÇON PRÉPARATOIRE), il suffit de passer la pointe sous le fer adverse à l'aide des doigts, et de se couvrir en même temps dans la ligne opposée.

Pour les lignes basses, le changement se fait en passant au-dessus du fer, et n'a d'ailleurs presque jamais lieu, les engagement en ligne basse n'étant pas employés.

1ʳᵉ REPRISE.

LIGNE DE QUARTE.

Sur le changement d'engagement (1) :

1. *Dégagement.* — Parer quarte.
2. *Une deux.* — Parer quarte et sixte.
3. *Doublement.* — Parer contre de sixte et quarte.

2ᵉ REPRISE.

4. *Une deux trois.* — Parer quarte, sixte et quarte.
5. *Une deux, tromper le contre.* — Parer quarte, contre de quarte, sixte.
6. *Doublement, dégagement.* — Parer contre de sixte, quarte et sixte.
7. *Triplement.* — Parer deux fois le contre de sixte et quarte.

---

(1) Faire le dégagement au moment où le pareur change d'engagement et sans lui laisser prendre le fer (en dérobant l'engagement).

4ᴱ LEÇON

Pression. — La pression est une attaque à l'épée s'exécutant sans quitter le fer adverse, en le déplaçant par une poussée du faible au faible.

Les doigts seuls doivent exécuter la pression. Nous insistons sur ce point, à cause de la tendance qui existe généralement, dès qu'il y a un mouvement d'autorité à exécuter, d'appuyer, en quelque sorte, le corps sur le bras et le bras sur la main. Cette manière de faire rend tout mouvement d'attaque ou de défense lent, irrégulier, et par conséquent inefficace.

Il faut donc éviter de faire de trop fortes pressions, car, si l'on sort soi-même de la ligne du corps, on a moins de facilité pour parer un dégagement exécuté sur la pression ; le but d'une pression n'étant pas d'écraser le fer adverse, mais bien de découvrir l'adversaire.

La pression s'emploie comme préparation d'attaque, ou comme invite à l'adversaire pour le faire tirer.

1ʳᵉ REPRISE.

ENGAGEMENT DE QUARTE.

1. *Pression et coup droit*. — Parades, se laisser découvrir

par la pression, en se couvrant en sixte, et parer quarte à la finale de l'attaque.

2. *Pression, feinte de coup droit et dégager*. — Parer quarte et sixte.

3. *Pression, feinte de coup droit, tromper le contre*. — Parer contre de sixte et quarte.

4. *Pression, feinte de coup droit, tromper le contre et dégager*. — Parer contre de sixte, quarte et sixte.

5. *Pression, feinte de coup droit, tromper deux fois le contre*. — Parer deux fois le contre de sixte et quarte.

2ᵉ REPRISE (1).

ENGAGEMENT DE QUARTE.

1. *Pression et dégagement*. — Répondre à la pression sans déplacer la main, en reprenant l'autorité des doigts; parer sixte sur le dégagement.

2. *Pression, une deux*. — Répondre à la pression et parer sixte et quarte.

3. *Pression, doublement*. — Répondre à la pression et parer contre de quarte et sixte.

3ᵉ REPRISE.

ENGAGEMENT DE QUARTE.

1. *Pression, une deux trois*. — Répondre à la pression et parer sixte, quarte et sixte.

2. *Pression, une deux, tromper le contre*. — Répondre à la pression et parer sixte, contre de sixte et quarte.

3. *Pression, doublement, dégagement*. — Répondre à la pression et parer contre de quarte, sixte et quarte.

4. *Pression, triplement*. — Répondre à la pression et parer deux fois le contre de quarte et sixte.

---

(1) Dans le cas de la pression et dégagement ou feinte de dégagement, l'attaquant devra chercher à faire répondre le pareur, pour attaquer sur sa contrepression ; c'est, d'ailleurs, le principe du dégagement exposé dans la première leçon.

<h1 style="text-align:center">5^E LEÇON</h1>

Battement. — Le battement est un coup sec frappé sur le fer de l'adversaire pour le déplacer et faciliter l'attaque.

Lorsque les épées sont engagées, le battement s'exécute en écartant légèrement l'épée et en donnant une pression nette de tous les doigts.

Dans le cas où les fers ne sont pas joints, la pression des doigts suffit, et l'épée ne doit pas être écartée pour frapper ensuite. Nous donnons ces deux cas, le battement n'étant souvent qu'une parade. Il devra être employé pour faire comprendre le mécanisme des doigts et de l'épée, pour former les parades qu'il remplace chaque fois que l'épée a été écartée. En effet, nous ne devons pas omettre que, si l'épée reçoit un choc, il ne doit influencer ni le bras ni le poignet, mais se communiquer seulement aux doigts. Exemple : « Dans une attaque parée, l'épée menaçante est détournée, mais la main doit rester en ligne et non suivre le mouvement de la pointe. » Il faut, pour cela, que les doigts soient souples et s'ouvrent légèrement sous le choc, pour se refermer de suite, et former, dans ce cas, une parade de la riposte, mou-

vement qui n'est qu'un battement, le mécanisme de
doigts étant exactement semblable. Le battemen
devra donc être étudié sous toutes ses formes, tan
comme attaque à l'épée que pour former et subir le
parades sans que la main puisse être influencée.

Les cas suivants se présenteront :

1° Battement simple ;

2° Engagement par battement ;

3° Double engagement ;

4° Battement sur une feinte et divers exercices de
reprises d'attaque, après la parade d'une feinte.

Les battements, compris de cette façon, donneront
au tireur la sûreté et la souplesse de main nécessaires
dans les parades et les attaques à l'épée en général.

OBSERVATION. — Pour le battement, dégagement
ou feinte de dégagement, on doit exécuter le battement avec légèreté, de façon à faire répondre l'adversaire du tac au tac et à dérober son épée au
moment où il répond. Comme on ne cherche pas à
découvrir complètement l'adversaire dans la ligne où
l'on exécute le battement, il est inutile de le faire
avec force.

1ʳᵉ REPRISE.

ENGAGEMENT DE QUARTE.

1. *Battement et coup droit.* — Parades, se laisser découvrir
par le battement, parer quarte sur la finale du coup droit.

2. *Battement, feinte de coup droit et dégagement.* — Se
découvrir sur le battement, parer quarte et sixte.

3. *Battement, feinte de coup droit et tromper le contre.* — Se
découvrir sur le battement, et parer contre de sixte et quarte.

4. *Battement, feinte de coup droit, tromper le contre et dégager.* — Se découvrir sur le battement, et parer contre de sixte, quarte et sixte.

5. *Battement, feinte de coup droit, tromper deux fois le contre.* — Se laisser découvrir par le battement et parer deux fois le contre de sixte et quarte.

2ᵉ REPRISE.

ENGAGEMENT DE QUARTE.

1. *Battement et dégagement (l'adversaire répondant au battement, dérober sa parade par un dégagement).* — Parades. Répondre au battement en quarte et parer sixte sur le dégagement.

2. *Battement, une deux.* — Après avoir répondu au battement, parer sixte et quarte.

3. *Battement, doublement.* — Répondre au battement et parer contre de quarte et sixte.

3ᵉ REPRISE.

ENGAGEMENT DE QUARTE.

1. *Battement, une deux trois.* — Répondre au battement et parer sixte, quarte et sixte.

2. *Battement, une deux, tromper.* — Répondre au battement et parer sixte, contre de sixte et quarte.

3. *Battement, doublement, dégagement.* — Répondre au battement et parer contre de quarte, sixte et quarte.

4. *Battement, triplement.* — Répondre au battement et parer deux fois le contre de quarte et sixte.

Engagements par battement. — L'engagement par battement s'exécute de la même façon que l'engagement simple, seulement la finale de l'engagement doit rendre le tac d'une parade, ce que l'on obtient en donnant une pression nette des doigts.

1re REPRISE.

ENGAGEMENT DE QUARTE.

1. *Engagement par battement et coup droit.* — Parer sixte.

2. *Engagement par battement, feinte de coup droit, dégager.*
— Après avoir répondu en sixte à la feinte de coup droit, parer
quarte sur le dégagement.

3. *Engagement par battement, feinte de coup droit, tromper
le contre.* — Parer contre de quarte et sixte.

4. *Engagement par battement, feinte de coup droit, tromper
le contre et dégager.* — Parer contre de quarte, sixte et quarte.

5. *Engagement par battement, feinte de coup droit, tromper
deux fois le contre.* — Parer deux fois le contre de quarte et
sixte.

2e REPRISE.

ENGAGEMENT DE QUARTE.

1. *Engagement par battement et dégagement.* — Répondre à
l'engagement en sixte, parer quarte sur le dégagement.

2. *Engagement par battement et une deux.* — Parer quarte et
sixte.

3. *Engagement par battement et doublement.* — Parer contre
de sixte, quarte.

Attaques sur un battement. — L'adversaire faisant un battement, répondre du tac au tac ;
ce second battement n'étant pas dérobé, attaquer
rapidement.

1re REPRISE.

ENGAGEMENT DE QUARTE.

Sur le battement :

1. *Battement et coup droit.* — Parer en répondant au battement par quarte.

2. *Battement, feinte de coup droit, dégager.* — Parer quarte
et sixte.

3. *Battement, feinte de coup droit, tromper le contre.* — Parer contre de sixte et quarte.

4. *Battement, feinte de coup droit, tromper le contre et dégager.* — Parer contre de sixte, quarte et sixte.

5. *Battement, feinte de coup droit, tromper deux fois le contre.* — Parer deux fois le contre de sixte et quarte.

2e REPRISE.

ENGAGEMENT DE QUARTE.

Sur le battement :

1. *Battement et dégagement.* — Répondre au battement en quarte, parer sixte sur le dégagement.

2. *Battement, une deux.* — Parer sixte et quarte.

3. *Battement, doublement.* — Parer contre de quarte et sixte.

Battement sur une feinte. — *1er cas.* — L'adversaire faisant une feinte, si le tireur veut l'attaquer sur cette feinte, il déplacera la pointe menaçante par un battement (c'est-à-dire une parade), et tirera rapidement. Il faut, pour éviter que ce battement ne soit trompé, qu'il soit exécuté seulement un instant après la feinte et non immédiatement après.

2me cas. — Le pareur, ayant paré trop tôt une feinte (et empêché par cela même l'attaque de son adversaire), tire afin de réparer la faute qu'il commettait en perdant l'occasion d'une riposte.

1re REPRISE.

ENGAGEMENT DE QUARTE.

Sur la feinte de dégagement :

1. *Battement et coup droit.* — Parer sixte en raccourcissant le bras.

2. *Battement, feinte de coup droit et dégager.* — Parer sixte et quarte après s'être laissé découvrir en sixte par le battement.

3. *Battement, feinte de coup droit, tromper le contre.* — Parer contre de quarte et sixte.

4. *Battement, feinte de coup droit, tromper le contre et dégager.* — Parer contre de quarte, sixte et quarte.

5. *Battement, feinte de coup droit, tromper deux fois le contre.* — Parer deux fois le contre de quarte et sixte.

2ᵉ REPRISE (1).

ENGAGEMENT DE QUARTE.

Sur la feinte de dégagement :

1. *Battement et dégagement.* — Répondre au battement en sixte, parer quarte sur la finale.

2. *Battement et une deux.* — Parer quarte et sixte.

3. *Battement doublement.* — Parer contre de sixte et quarte.

____

(1) Ces mêmes reprises seront exécutées avec l'engagement par battement, c'est-à-dire par le contre au lieu du battement direct.

6ᴇ LEÇON

Exercices de battements. — L'élève fait une feinte de dégagement, le professeur pare la feinte et tend le bras, l'élève fait un battement et tire droit.

1ʳᵉ REPRISE.

ENGAGEMENT DE QUARTE.

1. *Coup droit :*

> Feinte de dégagement; sur le battement en sixte, raccourcir le bras, faire un battement en sixte et tirer droit. — *Parades :* Après avoir fait un battement en sixte sur la feinte de dégagement, parer sixte une seconde fois à la finale du battement et coup droit exécuté sur la riposte.

2. *Feinte de coup droit et dégagement.* — Parer sixte et quarte.

3. *Feinte de coup droit, tromper le contre.* — Parer contre de quarte et sixte.

4. *Feinte de coup droit, tromper le contre et dégager.* — Parer contre de quarte, sixte et quarte.

5. *Feinte de coup droit, tromper deux fois le contre.* — Parer deux fois le contre de quarte et sixte.

2ᵉ REPRISE.

ENGAGEMENT DE QUARTE.

1. *Dégagement :*

> L'élève fait une feinte de dégagement, le professeu
> pare sixte et riposte, l'élève pare sixte et dégage. —
> *Parades :* Après avoir paré sixte et allongé le bras
> sur la feinte de dégagement, se couvrir en sixte su
> le battement et parer quarte sur la finale du déga
> gement.

2. *Une deux.* — Parer quarte et sixte.

3. *Doublement.* — Parer contre de sixte et quarte.

3ᵉ REPRISE.

ENGAGEMENT DE QUARTE.

1. *Coup droit :*

> L'élève fait une feinte de dégagement, le professeu
> pare sixte et tend le bras, l'élève prend le contre d
> quarte et tire droit. — *Parades :* Après avoir par
> sixte et allongé le bras sur la feinte de dégagement
> parer quarte à la finale de « l'engagement par bat
> tement et coup droit ».

2. *Feinte de coup droit et dégager.* — Parer quarte et sixte

3. *Feinte de coup droit, tromper le contre.* — Parer contr
de sixte et quarte.

4. *Feinte de coup droit, tromper le contre et dégager.* —
Parer contre de sixte, quarte et sixte.

5. *Feinte de coup droit, tromper deux fois le contre.* — Pare
deux fois le contre de sixte et quarte.

4ᵉ REPRISE.

ENGAGEMENT DE QUARTE.

1 *Dégagement :*

> L'élève fait une feinte de dégagement, le professeu
> pare sixte et riposte, l'élève prend le contre de quarte

et dégage. — *Parades* : Après avoir paré sixte et tendu le bras sur la feinte de dégagement, se couvrir en quarte sur l'engagement par battement et parer sixte à la finale du dégagement.

2. *Une deux.* — Parer sixte et quarte.

3. *Doublement.* — Parer contre de quarte et sixte.

5ᵉ REPRISE.

ENGAGEMENT DE QUARTE.

1. *Coup droit :*

L'élève fait une feinte de dégagement, le professeur pare le contre de quarte et tend le bras, l'élève fait un battement en quarte et tire droit. — *Parades :* Après avoir paré le contre de quarte sur la feinte de dégagement, parer quarte sur le « battement et coup droit ».

2. *Feinte de coup droit et dégagement.* — Parer quarte et sixte.

3. *Feinte de coup droit, tromper le contre.* — Parer contre de sixte et quarte.

4. *Feinte de coup droit, tromper le contre et dégager.* — Parer contre de sixte, quarte et sixte.

5. *Feinte de coup droit, tromper deux fois le contre.* — Parer deux fois le contre de sixte et quarte.

6ᵉ REPRISE.

ENGAGEMENT DE QUARTE.

1. *Dégagement :*

L'élève fait une feinte de dégagement, le professeur pare contre de quarte et riposte, l'élève pare quarte et dégage. — *Parades :* Après avoir paré contre de quarte et tendu le bras sur la feinte de dégagement, se couvrir en quarte et parer sixte sur le « battement et dégagement ».

2. *Une deux.* — Parer sixte et quarte.

3. *Doublement.* — Parer contre de quarte et sixte.

7ᵉ REPRISE.

ENGAGEMENT DE QUARTE.

1. *Coup droit :*

> L'élève fait une feinte de dégagement, le professeur pare contre de quarte et tend le bras, l'élève prend contre de sixte et tire droit. — *Parades :* Après avoir paré contre de quarte et tendu le bras sur la feinte de dégagement, parer sixte sur l'engagement par battement et coup droit.

2. *Feinte de coup droit et dégager.* — Parer sixte et quarte.

3. *Feinte de coup droit, tromper le contre.* — Parer contre de quarte et sixte.

4. *Feinte de coup droit, tromper le contre et dégager.* — Parer contre de quarte, sixte et quarte.

5. *Feinte de coup droit, tromper deux fois le contre.* — Parer deux fois le contre de quarte et sixte.

8ᵉ REPRISE.

ENGAGEMENT DE QUARTE.

1. L'élève fait une feinte de dégagement, le professeur pare contre de quarte et tend le bras, l'élève prend le contre de sixte et dégage. — *Parades :* Après avoir paré contre de quarte et tendu le bras sur la feinte de dégagement, se couvrir en sixte sur l'engagement par battement et parer quarte sur la finale du dégagement.

2. *Une deux.* — Parer quarte et sixte.

3. *Doublement.* — Parer contre de sixte et quarte.

Ces mêmes reprises seront, ainsi que toutes les autres, exécutées partant de l'engagement de sixte. Leur but principal est d'habituer le tireur à recevoir sans se désunir une parade quelconque, et à y répondre sans embarras; ces leçons donnent également ment l'habitude de la phrase d'armes, et de la régularité de la main dans les parades après une attaque à l'épée.

7ᴱ LEÇON

Double engagement. — Le double engagement est une attaque à l'épée *composée de deux engagements consécutifs; il s'exécute sans déplacer la main,*
le second engagement servant de parade au premier.

1ʳᵉ REPRISE.

ENGAGEMENT DE QUARTE.

1. *Double engagement et coup droit.* — Parer quarte (après
s'être découvert sur le deuxième engagement).

2. *Double engagement, feinte de coup droit et dégager.* —
Parer quarte et sixte.

3. *Double engagement, feinte de coup droit, tromper le contre.*
— Parer contre de sixte et quarte.

4. *Double engagement, feinte de coup droit, tromper le contre
et dégager.* — Parer contre de sixte, quarte et sixte.

5. *Double engagement, feinte de coup droit, tromper deux
fois le contre.* — Parer deux fois le contre de sixte et quarte.

2ᵉ REPRISE.

ENGAGEMENT DE QUARTE.

1. *Double engagement et dégagement.* — Répondre au
double engagement en remettant la pointe en position de
quarte, parer sixte sur la finale du dégagement.

2. *Double engagement et une deux.* — Parer sixte et quarte.

3. *Double engagement, doublement.* — Parer contre de quarte
et sixte.

8ᵉ LEÇON

Dérobement des attaques à l'épée : battements, engagement par battement, double engagement. — Le battement, l'engagement par battement et le double engagement se dérobent par le dégagement; le battement se dérobe avant d'avoir subi le choc; l'engagement par battement se dérobe comme le changement d'engagement, et le double engagement se dérobe après avoir subi le premier engagement.

On remarquera que le mouvement de l'engagement par battement et du double engagement se dérobe plus facilement que celui du battement direct; nous classons donc les reprises partant de ce principe.

1ʳᵉ REPRISE.

ENGAGEMENT DE QUARTE.

1. *Dérober l'engagement par battement, par le dégagement.* — Parer quarte, après avoir fait le mouvement de l'engagement par battement.

2. *Dérober l'engagement par battement, par une deux.* — Parer quarte et sixte, après avoir fait le mouvement de l'engagement par battement.

3. *Dérober l'engagement par battement, par le doublement.* — Parer contre de sixte et quarte, après avoir fait le mouvement de l'engagement par battement.

2ᵉ REPRISE.

ENGAGEMENT DE QUARTE.

Attaques trompant le double engagement :

1. *Dégagement (après avoir subi le 1ᵉʳ engagement).* — Parer sixte, après avoir exécuté le mouvement du double engagement.

2. *Une deux.* — Parer sixte et quarte.

3. *Doublement.* — Parer contre de quarte et sixte.

3ᵉ REPRISE.

ENGAGEMENT DE QUARTE.

Attaques trompant le double engagement :

1. *Dégagement dessous (après avoir subi le 1ᵉʳ engagement).* — Parer septime, après avoir fait le mouvement de double engagement.

2. *Une deux dedans.* — Parer septime et quarte.

3. *Une deux trois dessus.* — Parer septime, quarte, sixte.

4ᵉ REPRISE.

ENGAGEMENT DE QUARTE.

Dérober le battement direct par :

1. *Dégagement.* — Parer sixte, après avoir exécuté le mouvement du battement.

2. *Une deux.* — Parer sixte et quarte.

3. *Doublement.* — Parer contre de quarte et sixte.

9ᵉ LEÇON

Marche. — Coups d'arrêt. — L'adversaire étant hors de portée, on marche pour entrer en mesure et attaquer.

On doit tenir l'engagement avant de marcher, afin d'éviter un dérobement de l'engagement sur la marche.

Si l'on cherche à exécuter une attaque composée, on fait la première feinte en marchant, au lieu de prendre un engagement.

Le coup d'arrêt, ainsi que son nom l'indique, a pour but d'arrêter l'adversaire dans sa marche, par une attaque simple ou composée.

Les parades du coup d'arrêt ne diffèrent pas des parades sur les attaques de pied ferme; quant aux parades en rompant, comme on n'exécute la retraite que pour avoir une plus grande facilité de parer, il est logique de ne le faire qu'en rompant, et seulement à la finale.

Nous classifions ainsi l'ordre de la leçon :

1° Attaques après la marche ou en marchant;

2° Attaques sur la marche de l'adversaire (*Coups d'arrêt*) :

3° Parades en marchant (*Parades du coup d'arrêt*);
4° Parades en rompant (*Parades des attaques en marchant*).

1ʳᵉ REPRISE.

PRENDRE L'ENGAGEMENT DE QUARTE.

1. *Attaques après la marche.* — Engager, marcher; coup droit.

2. *Attaques sur la marche.* — Engager, rompre; sur la marche, coup droit.
   Parades en marchant. — Se découvrir, marcher; sur le coup droit, parer quarte.
   Parades en rompant. — Se découvrir; sur le coup droit, parer quarte en rompant.

3. *Attaques après la marche.* — Engager, marcher; dégagement.

4. *Attaques sur la marche.* — Engager, rompre; sur la marche, dégagement.
   Parades en marchant. — Engager, marcher; sur le dégagement, parer sixte.
   Parades en rompant. — Sur le dégagement, parer sixte en rompant.

2ᵉ REPRISE.

PRENDRE L'ENGAGEMENT EN QUARTE.

1. *Attaques en marchant.* — Feinte de coup droit et dégagement.

2. *Attaques sur la marche.* — Engager, rompre; sur la marche, feinte de coup droit et dégagement.
   Parades en marchant. — Se découvrir, marcher, parer quarte et sixte.
   Parades en rompant. — Se découvrir, parer quarte sur la feinte de coup droit, et rompre en parant sixte à la finale.

3. *Attaques en marchant.* — Feinte de coup droit et tromper le contre.

4. *Attaques sur la marche.* — Engager, rompre; sur la marche, feinte de coup droit et tromper le contre.

Parades en marchant. — Se découvrir, marcher, parer contre de sixte et quarte.

Parades en rompant. — Se découvrir, parer contre de sixte et quarte en rompant.

5. *Attaques en marchant.* — Feinte de coup droit, tromper le contre et dégager.

6. *Attaques sur la marche.* — Engager, rompre; sur la marche, feinte de coup droit, tromper le contre et dégager.

Parades en marchant. — Se découvrir, marcher, parer contre de sixte, quarte et sixte.

Parades en rompant. — Se découvrir, parer contre de sixte, quarte, et rompre en parant sixte à la finale.

7. *Attaques en marchant.* — Feinte de coup droit, tromper deux fois le contre.

8. *Attaques sur la marche.* — Engager, rompre; sur la marche, feinte de coup droit, tromper deux fois le contre.

Parades en marchant. — Se découvrir, marcher, parer deux fois le contre de sixte et quarte.

Parades en rompant. — Se découvrir, parer deux fois le contre de sixte, et rompre en parant quarte à la finale.

3ᵉ REPRISE.

PRENDRE L'ENGAGEMENT EN QUARTE.

1. *Attaques en marchant.* — Une deux.

2. *Attaques sur la marche.* — Engager, rompre; sur la marche, une deux.

Parades en marchant. — Engager, marcher; parer sixte et quarte.

Parades en rompant. — Parer sixte et rompre en parant quarte.

3. *Attaques en marchant.* — Doublement.

4. *Attaques sur la marche.* — Engager, rompre; sur la marche, doublement.

Parades en marchant. — Engager, marcher; parer contre de quarte et sixte.

Parades en rompant. — Parer contre de quarte, et sixte en rompant.

5. *Attaques en marchant.* — Une deux trois.

6. *Attaques sur la marche.* — Engager, rompre ; sur la marche, une deux trois.

   Parades en marchant. — Engager, marcher, parer sixte, quarte et sixte.

   Parades en rompant. — Parer sixte, quarte, et sixte en rompant.

7. *Attaques en marchant.* — Une deux, tromper le contre.

8. *Attaques sur la marche.* — Engager, rompre ; sur la marche, une deux, tromper le contre.

   Parades en marchant. — Engager, marcher ; parer sixte, contre de sixte, quarte.

   Parades en rompant. — Parer sixte, contre de sixte, et rompre en parant quarte à la finale.

9. *Attaques en marchant.* — Doublement, dégagement.

10. *Attaques sur la marche.* — Engager, rompre ; sur la marche, doublement, dégagement.

   Parades en marchant. — Engager, marcher, parer contre de quarte, sixte et quarte.

   Parades en rompant. — Parer contre de quarte, sixte, et rompre en parant quarte à la finale.

11. *Attaques en marchant.* — Triplement.

12. *Attaques sur la marche.* — Engager, rompre ; sur la marche, triplement.

   Parades en marchant. — Engager, marcher ; parer deux fois le contre de quarte et sixte.

   Parades en rompant. — Parer deux fois le contre de quarte, et rompre en parant sixte à la finale.

10ᴱ LEÇON

Reprises d'attaque. — La reprise d'attaque s'exécute immédiatement après la remise en garde, lorsque l'attaque précédente n'a pas touché. Elle peut se faire par des attaques simples ou composées et par des attaques à l'épée.

Comme la reprise d'attaque se fait de même après un coup simple ou composé, nous donnons cette leçon partant du dégagement simple.

1ʳᵉ REPRISE.

ENGAGEMENT DE QUARTE.

1. *Dégager ; le dégagement étant paré, revenir en garde en se couvrant, et reprendre l'attaque par un second dégagement.* — Parer sixte sur le premier dégagement, quarte sur le second.

2. *Dégager ; reprendre l'attaque par une deux.* — Parer sixte sur le premier dégagement, quarte et sixte sur la reprise d'attaque.

3. *Dégager ; reprendre l'attaque par le doublement.* — Parer sixte sur le premier dégagement, et contre de sixte quarte sur la reprise d'attaque.

2ᵉ REPRISE.

ENGAGEMENT DE QUARTE.

1. *Dégager ; reprendre l'attaque par le coupé.* — Parer sixte sur le dégagement et quarte sur la reprise d'attaque.

2. *Dégager; reprendre l'attaque par le coupé, dégager.* — Parer sixte sur le dégagement et quarte et sixte sur la reprise d'attaque.

3. *Dégager; reprendre l'attaque par le coupé, tromper le contre.* — Parer sixte sur le dégagement, contre de sixte quarte sur la reprise d'attaque.

3ᵉ REPRISE (1).

ENGAGEMENT DE QUARTE.

1. *Dégager; reprendre l'attaque par le dégagement dessous.* — Parer sixte sur le dégagement et septime sur le dégagement dessous.

2. *Dégager; reprendre l'attaque par la feinte de dégagement dedans et tirer dessous.* — Parer sixte sur le dégagement, quarte et septime sur la reprise d'attaque.

3. *Dégager; reprendre l'attaque par la feinte de dégagement dessous, tirer dedans.* — Parer sixte sur le dégagement, septime et quarte sur la reprise d'attaque.

---

(1) Voy., pour les diverses manières de parer, la 2ᵉ LEÇON, *Lignes basses.*

11ᴱ LEÇON

Contre-ripostes. — La contre-riposte est l'attaque exécutée sans se relever, après avoir paré la riposte de l'adversaire. Comme la riposte, elle peut être simple ou composée; mais, pratiquement, on ne l'emploie guère que simple ou par le dégagement.

On peut, en restant fendu, si la première contre-riposte n'a pas porté, exécuter une seconde ou une troisième contre-riposte.

1ʳᵉ REPRISE.

ENGAGEMENT DE QUARTE.

1. L'élève fait un dégagement, le professeur pare sixte et riposte, l'élève pare sixte et contre-riposte sans se relever.

2. Le professeur dégage, l'élève pare sixte et riposte, le professeur pare et contre-riposte, l'élève pare sixte et fait une seconde contre-riposte.

Ripostes composées. — (Voir définition à la Leçon préparatoire, chapitre des *Ripostes*.)

2ᵉ REPRISE.

ENGAGEMENT DE QUARTE.

1. *Sur le dégagement, parer sixte, riposter par une deux.* — Dégager, parer quarte et sixte sans se relever.

2. *Sur le dégagement, parer sixte, riposter par le doublement.*
— Dégager, parer contre de sixte et quarte sans se relever.

3. *Sur le dégagement, parer prime, riposter par le coupé.*
(Ce mouvement s'exécute, après avoir pris la position de prime,
en faisant décrire à la pointe une courbe d'avant en arrière, par
un mouvement de rotation du poignet, la lame glissant sans
pression sur l'épée adverse.) — Parer quarte sur la riposte de
prime, coupé.

4. *Sur le dégagement, parer sixte, riposter par le coupé.* —
Parer quarte sur la riposte par le coupé.

5. *Sur le dégagement, parer sixte, riposter par le coupé et*
dégagement. — Parer quarte et sixte sur le coupé, dégager.

Ripostes à temps perdu. — (Voir défini-
tion à la LEÇON PRÉPARATOIRE, chapitre des *Ripostes*.)

3ᵉ REPRISE.

ENGAGEMENT DE QUARTE.

1. *Le professeur dégage, l'élève pare sixte et riposte sur la*
remise en garde par le coup droit. — Parer sixte sur la finale du
coup droit et en revenant en garde.

2. *Feinte de coup droit et dégagement.* — Parer sixte et
quarte.

3. *Feinte de coup droit, tromper le contre.* — Parer contre
de quarte et sixte.

4ᵉ REPRISE.

ENGAGEMENT DE QUARTE.

1. *Le professeur dégage, l'élève pare sixte et riposte sur la*
remise en garde par le dégagement. — Parer quarte en revenant en garde et sur la finale du dégagement.

2. *Une deux.* — Parer quarte et sixte.

3. *Doublement.* — Parer contre de sixte et quarte.

4. *Coupé.* — Parer quarte.

5. *Coupé, dégager.* — Parer quarte et sixte.

6. *Coupé, tromper le contre.* — Parer contre de sixte et
quarte.

12ᴱ LEÇON

REMISES — REDOUBLEMENTS — TEMPS — LIEMENTS CROISÉS

Remises. — La remise se fait sur une attaque parée, lorsque l'adversaire ne riposte pas ; il suffit de remettre la pointe en ligne sans se relever. La remise ne se fait que sur un adversaire se découvrant après avoir paré.

Redoublements. — Le redoublement se fait également sur une attaque parée et sans riposte, lorsque l'adversaire reste couvert : c'est la remise en changeant de ligne, par le dégagement, par exemple. Ces attaques (remises et redoublements) se parent comme les contre-ripostes.

Le redoublement peut également se faire sur une feinte parée, lorsque la parade n'est pas suivie d'une menace. Voici comme nous l'entendons :

Sur une feinte de dégagement, le pareur prend quarte (par exemple) et ne fait aucune menace : continuer l'attaque par un second dégagement, sans raccourcir le bras après la parade. Pour bien faire ce genre de redoublement, il faut avoir le coup d'œil assez prompt pour voir si l'adversaire riposte ou non, sans cela, ces attaques prêteraient aux coups doubles.

1ʳᵉ REPRISE.

ENGAGEMENT DE QUARTE.

Feinte de dégagement ; l'adversaire pare sixte sans riposter, exécuter un second dégagement en se fendant (soit une deux). — PARADES : Parer sixte sur la feinte de dégagement et quarte sur la finale du redoublement.

Feinte de dégagement ; l'adversaire pare contre de quarte sans riposter, exécuter un second dégagement (partant d'une même ligne soit doublement). — Parer contre de quarte, et sixte à la finale du redoublement.

Feinte de dégagement ; redoubler par une deux (soit une deux trois). — Parer sixte sur la feinte de dégagement, quarte et sixte sur le redoublement.

Feinte de dégagement ; redoubler par le doublement (soit une deux, tromper). — Parer sixte sur la feinte, contre de sixte et quarte sur le redoublement.

Feinte de dégagement ; l'adversaire prenant contre de quarte, redoubler par une deux (soit doublement, dégagement). — Parer contre de quarte sur la feinte, sixte et quarte sur le redoublement.

Feinte de dégagement ; l'adversaire parant contre de quarte, redoubler par le triplement. — Parer contre de quarte sur la feinte de dégagement, et contre de quarte et sixte sur le redoublement.

Temps (*Pl.* XV et XVI). — Le temps est une attaque opérée sur l'attaque même de l'adversaire, en se couvrant dans la ligne où est dirigée la finale.

Le temps forme donc parade et riposte combinées : il faut, pour l'exécuter, avoir jugé l'attaque de l'adversaire, se couvrir de la main dans la ligne où elle est dirigée et se fendre à demi, un temps avant la finale.

EXEMPLE : L'adversaire, sur une parade de quarte

répondant à une feinte de dégagement, exécute un second dégagement, soit une deux dessus : pour prendre le temps, il faudra tendre le bras en portant la main en sixte et se fendre à demi au moment du départ de l'adversaire.

Comme on peut le voir, cette attaque est fort difficile; elle n'est simplifiée que dans le cas où l'adversaire tire d'emblée, c'est-à-dire fait une deux, par exemple, sans se préoccuper si l'on répond à la feinte de dégagement; en ce cas, on peut ne pas parer et tendre le bras au moment où l'adversaire tire dans la ligne fermée.

Nous ne conseillons, comme temps, que ceux pris dans les lignes de dessus et de dehors, où l'on est plus sûrement couvert par la position de la main.

Observation importante : Il ne faut pas confondre le temps (coup jugé et amené) et la tension, qui consiste à tendre le bras au hasard sur une attaque de l'adversaire. Nous ne saurions trop recommander d'éviter cette dernière manière de faire, qui prête aux coups doubles et n'est pas d'un bon tireur.

Nous recommandons également d'être sobre de temps. C'est le coup le plus difficile de l'escrime; il exige, outre le jugement le plus sûr, une vitesse et une précision parfaites.

Le temps non prévu n'est pas parable. S'il a été jugé, le tireur devra s'arrêter au moment du départ, afin de le parer; mais, comme il ne doit être pris que sur le départ, cette dernière hypothèse n'est guère admissible sur un temps juste.

1ʳᵉ REPRISE.

ENGAGEMENT DE SIXTE.

1. *Temps sur le une deux dessus (Pl. XV)*. — Répondre à la feinte en quarte et porter la main en sixte, en déployant le bras avec la demi-feinte au moment du départ.

2. *Temps sur le doublement dehors (Pl. XVI)*. — Prendre le contre de sixte sur la feinte de dégagement et porter la main en octave, en observant les principes ci-dessus énoncés.

ENGAGEMENT DE QUARTE.

3. *Temps sur le doublement dessus*. — Prendre le contre de quarte sur la feinte de dégagement et se couvrir en sixte. en observant les mêmes principes.

Liements. — Le liement est une attaque à l'épée exécutée sur le bras tendu de l'adversaire ; il est analogue, quant au mécanisme, à une parade de contre, faite en tendant le bras et en tenant le fer adverse. Par exemple : sur une feinte dans la ligne du dessus, prendre l'opposition de sixte : cette parade n'étant pas trompée, exécuter le mouvement de pointe du contre de sixte en tendant le bras et tirer dans la ligne du dessus. Cette attaque n'est pas très pratique, le mouvement exposant à un redoublement et n'étant jamais très rapide. Pour parer le liement, on cédera complètement de la pointe au début, en raccourcissant le bras, pour arriver à la finale à la position de sixte, si le liement est dirigé dans la ligne du dessus, ou à celle de quarte. s'il est dirigé dans la ligne du dedans.

Croisés (*Pl. XIV*). — Le croisé, souvent confondu avec le liement, est beaucoup plus rapide ; il prend l'épée dans une ligne haute, pour la ramener dans une ligne basse.

Par exemple : sur une feinte dans la ligne du dedans, croiser l'épée (en passant la pointe par-dessus le fer adverse) et tendre le bras en dirigeant l'attaque dans la ligne du dehors.

Il n'est bien pratique que dans ce cas, car l'on doit être très sûrement couvert pour l'exécuter, et la position dans les lignes de droite a plus d'autorité.

Les parades du croisé sont analogues à celles du liement : céder complètement de la pointe, et arriver à la finale à la position de quarte ou de sixte, selon la ligne menacée, droite ou gauche.

SALUT DES ARMES

Le salut est le prélude de l'assaut ; c'est en même temps un acte de politesse pour l'adversaire et la galerie, et un assouplissement pour le corps.

Le salut le plus fréquemment usité est celui-ci :

Les deux tireurs, après avoir posé le masque à terre et à gauche, se placent face à face, les talons joints, le droit devant le gauche, les bras tombant naturellement le long du corps ; ils font simultanément un pas en avant, en prenant la position préliminaire, puis rapprochent la main droite du menton, l'épée verticale, pour saluer l'adversaire en étendant le bras, la paume de la main tournée vers le sol. Ils continuent, partant de là, à prendre la position de la garde ; et aussitôt se rassemblent en arrière, à la position préliminaire. L'un des tireurs (le plus jeune en général), invite son adversaire à prendre sa mesure par ces simples mots : « A vous, Monsieur ». Celui qui commence tend le bras dans la direction de l'adversaire et se fend en évitant de le toucher ; il se

relève ensuite d'un trait à la position du rassemblement. Les deux tireurs portent la main au menton,
puis à leur gauche, pour saluer la galerie ; ils font
ce même mouvement de salut à droite, en tournant
la main en pronation et à la hauteur du sein droit.
Ils se mettent ensuite en garde, partant de la position
du salut à droite ; celui qui a pris sa mesure exécute
alors un dégagement dessus (partant de l'engagement
de quarte), l'adversaire pare tierce et baisse la pointe
sans riposter. Sous le choc de la parade, l'attaquant
laisse pivoter l'arme entre le pouce et l'index, en
sorte que la lame vienne s'appliquer du côté gauche
de la tête, sans changer la position du bras, mais en
ayant soin de voir l'adversaire entre le bras et l'épée.
Il se remet en garde en ligne de sixte et exécute un
dégagement dedans, que l'adversaire pare par quarte :
l'attaquant laisse tourner le fleuret comme il est dit
précédemment, mais à droite ; il exécute encore deux
dégagements dans les mêmes données que les précé-
dents, puis il fait une deux dedans en rassemblant
en arrière. L'autre tireur, pendant ce rassemblement,
prend sa mesure à son tour, après avoir pris la position de tierce sur la feinte de dégagement dessus, et
les deux adversaires exécutent exactement les mouvements déjà décrits (à partir de la remise en garde).
Après le une deux final, ils rassemblent en arrière,
puis tombent en garde en arrière, main de tierce, en
portant le pied gauche à deux semelles environ du
pied droit ; ils se rassemblent immédiatement en
avant et exécutent une dernière fois les saluts à
gauche et à droite, se remettent en garde dans l'en-

gagement de quarte, rassemblent en avant et se saluent en portant la main près du menton, l'épée verticale, les ongles face au visage, et en étendant le bras dans toute sa longueur, la main portée à droite, les ongles en dessous.

TERMES D'ESCRIME

Appel. — Battement du pied sur le sol; servait jadis comme simulacre d'attaque; a été supprimé comme inefficace et dangereux.

Avoir de l'autorité dans les parades. — C'est être sûr de son mouvement de parade, en sorte que les épées se détachent nettement sans grincement de fer.

Avoir des doigts. — Se dit du tireur qui possède et applique bien les principes du doigté.

Avoir de la tête. — C'est tirer parti de toutes les ressources qu'offre le jeu de l'adversaire, tant comme défensive que comme attaque; cette qualité prend plus ordinairement le nom « d'à-propos ».

Avoir une parade dans la main. — C'est prendre une parade favorite sans raisonner le mouvement. (Défaut à éviter soigneusement.)

Caver. — C'est former une ligne brisée avec le bras et l'épée pour tâcher de toucher malgré la parade de l'adversaire; ce coup est des plus dangereux pour celui qui l'emploie, car il est à la merci de l'adversaire qui formerait une ligne droite de l'épée et du bras, profitant de l'avantage qu'elle lui offre sur la ligne brisée.

Corps à corps. — Se dit de deux tireurs ayant leurs moyens offensifs paralysés par suite d'un rapprochement trop grand.

Coucher (Se). — Éviter le coup de bouton à la poitrine en se penchant en avant. (Abus du fleuret, ne peut se faire à l'épée sans le plus grand danger : celui d'être touché à la tête ou dans le dos.)

11.

Coup d'arrêt. — Voir 9ᵉ Leçon.

Coup jugé. — Se dit lorsqu'une attaque d'emblée a été prévue.

Coup double. — Se dit de deux tireurs qui touchent ensemble ; se nomme aussi coup fourré ou coup pour coup.

Croiser (Se). — Avoir le pied droit porté trop à gauche dans les positions de la garde ou du développement (cela pour le droitier).

Donner l'épée. — C'est laisser joindre l'épée par l'arme de l'adversaire dans un mouvement d'engagement.

Ébranler (S'), s'emballer. — C'est se laisser influencer par les attaques ou feintes de l'adversaire.

Écraser le fer. — C'est trop appuyer sur l'arme de l'adversaire.

Écraser (S'). — C'est exagérer la flexion des jambes dans la position de la garde.

Être découvert. — Se dit d'un tireur qui laisse ouverte la ligne de l'engagement.

Être en ligne. — C'est ne jamais faire de mouvements inutiles du bras ou de l'épée en dehors de la ligne du corps.

Ferrailler. — C'est ne pas observer les règles de l'escrime. (Se dit en général d'un mauvais tireur.)

Gagner la main. — C'est n'allonger le bras que graduellement en faisant des feintes. (Principe faux.)

Jeu. — Se dit de la manière dont un tireur fait des armes : « Jeu régulier, irrégulier, dur, etc. ».

Loger (Se). — Se dit d'un tireur de petite taille qui parvient à la distance d'où il peut toucher un adversaire plus grand.

Main dure. — Se dit d'un tireur qui emploie trop de force et fatigue l'adversaire.

Phrase d'armes. — Enchaînement d'attaques, parades, ripostes, etc., se succédant sans interruption sans qu'il y ait de contractions ou ferraillements. (C'est une des choses à rechercher en assaut.)

Pied ferme. — Attaquer ou parer de pied ferme, c'est exécuter les mouvements d'attaque et de défense sans marcher ni rompre.

Plastronner. — C'est prendre la leçon ; se dit à cause du plastron dont le professeur se couvre la poitrine.

Porter le corps à l'action. — C'est avancer le corps mal à propos.

Pronation. — Position de la main lorsque les ongles sont tournés vers la terre.

Relever (Se). — Se remettre en garde après le développement. (Se dit aussi pour se rassembler.)

Retenue du corps. — Qualité qui consiste à ne pas avancer le corps mal à propos.

Retirement de bras. — Grand défaut, qui consiste à retirer le coude en arrière pour dégager la pointe au lieu de s'aider des doigts. (Se nomme aussi « Bourrade ».)

Retraite de corps. — Évitement d'une attaque en rejetant le corps en arrière ; provient souvent d'un manque de sûreté dans les parades.

Rompre la mesure. — C'est se mettre hors de portée de l'adversaire. On dit contrairement « entrer en mesure ».

Sentiment du fer. — Jugement des intentions offensives ou défensives de l'adversaire, d'après sa façon de tenir l'épée dans un engagement.

Serrer la mesure. — Marcher de façon à presser l'adversaire.

Supination. — Position de la main les ongles étant tournés en dessus.

Tac au tac. — Expression désignant une riposte directe et formulant la rapidité d'exécution dans la succession des mouvements de parade et riposte : « tac-tac ».

Temps. — Attaque sur l'attaque même de l'adversaire, en se couvrant dans la ligne où est dirigée la finale. (V. 12° Leçon.)

Tension. — Allongement du bras fait sur l'attaque de l'adversaire et sans s'en préoccuper, prête au coup double et est mauvais à tous points de vue.

Tirer dans le fer. — Tirer dans une ligne couverte, ou vouloir tromper une parade qui n'existe pas.

TABLE DES MATIÈRES

Paris — Imprimerie L. BAUDOIN, 2, rue Christine.

POSITION PRÉLIMINAIRE

DÉVELOPPEMENT. — PREMIÈRE POSITION

DÉVELOPPEMENT. — DEUXIÈME POSITION

PARADE DE PRIME HAUTE

PARADE DE SECONDE

PARADE DE TIERCE

PARADE DE QUARTE

PARADE DE QUINTE

PARADE DE PRIME BASSE

PARADE DE SIXTE

PARADE DE SEPTIME

PARADE D'OCTAVE

CROISÉ

TEMPS DE SIXTE

TEMPS D'OCTAVE

9 782329 773735